문제해결 글쓰기

문제해결 글쓰기

강지영/남기민/정미진/최병구

Thinking

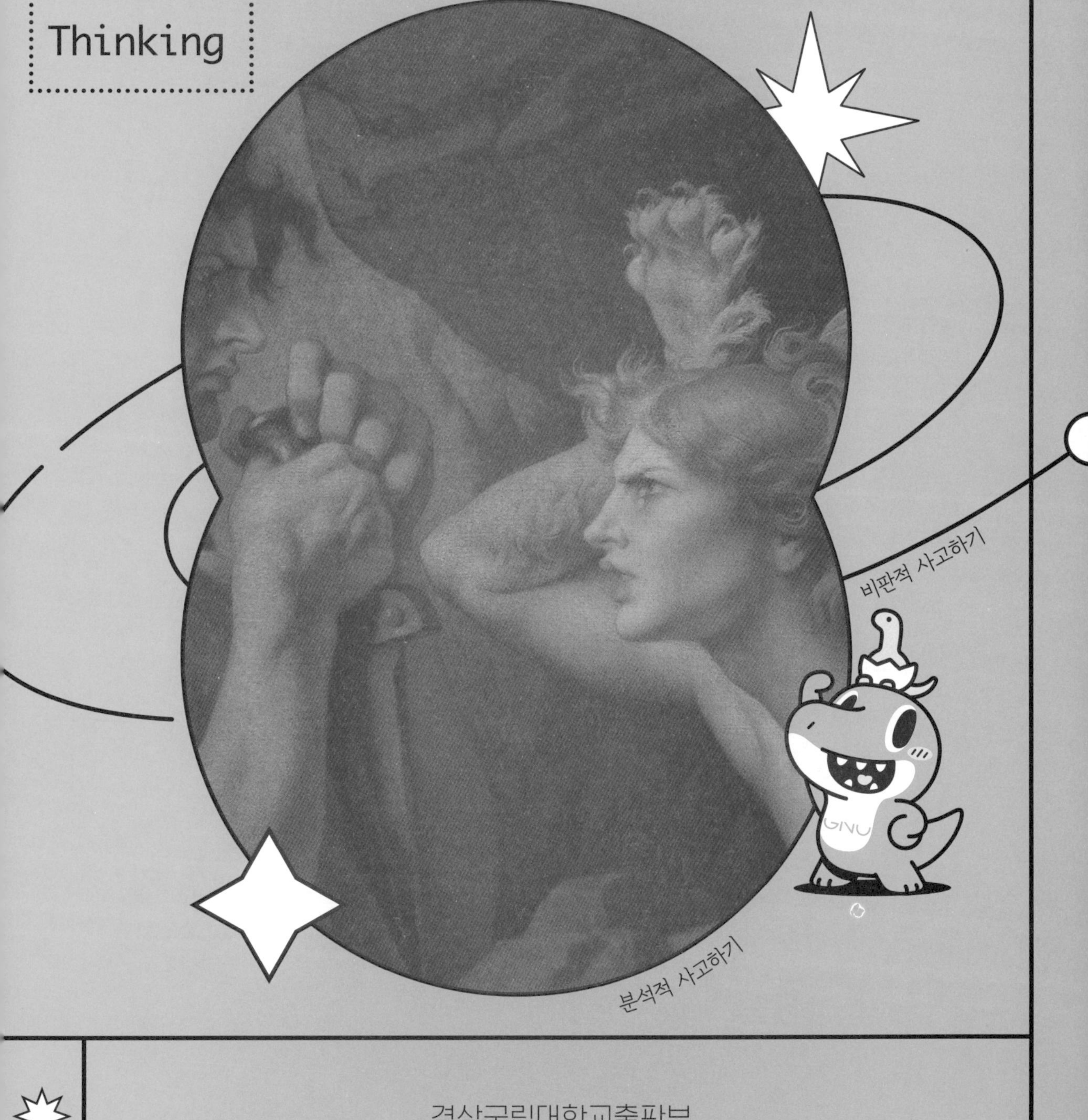

경상국립대학교출판부

머리말

코로나바이러스감염증-19(이하 코로나19)가 전 세계를 덮친 이후 우리는 미증유의 시대를 살고 있다. '언택트(Untact)'로 요약할 수 있는 그 변화에는 정치·경제·사회문화 등 우리 사회의 거의 모든 영역이 결부되어 있다. 바이러스가 안정되고 대면 활동이 재개되었지만, 우리의 삶은 테크놀로지와 연결되어 더욱 빠르게 변할 가능성이 크다.

이러한 전환의 시대에 대학생의 글쓰기 능력은 더욱 중요해질 것이다. 글쓰기는 리터러시(literacy) 능력을 향상시키는 과정이다. 다시 말해 글쓰기는 읽고 쓰는 과정에서 이루어지는 사고하기(thinking)가 본령이다. 무엇을 읽고 어떻게 써야 할지는 시대와 전공에 따라 다를 수 있다. 하지만 읽고 쓰는 과정에서 직면한 문제를 분석적·비판적으로 사고하는 방법을 익힐 수 있다는 점에서 글쓰기의 중요성은 거듭 강조될 필요가 있다. 디지털 시대에 사고하지 못하는 사람들에 대한 우려의 목소리가 꾸준히 나오고 있기 때문이다. 사고하지 못하는 인간은 디지털 문화에 맹목적으로 끌려갈 수밖에 없다. 따라서 그 어느 때보다 글쓰기의 필요성이 대두되는 것이다.

이 책은 우리가 마주하게 될 새로운 문제를 인식하고 분석하며 나아가 해결하기 위한 문제설정 능력과 문제해결 능력을 구현하는 것에 초점을 두었다. 1부에서는 문제해결 글쓰기의 필요성과 문제 중심적 접근에 대해, 2부에서는 구체적인 문제해결 글쓰기의 방법에 대해 다루었다. 이를 통해 '문제해결 글쓰기'를 위한 사고의 방법과 글쓰기 전략을 학습할 수 있을 것이다.

우리는 지금까지 크고 작은 문제를 해결하며 살아왔다. 당연히 앞으로도 수많은 문제에 맞닥뜨리게 될 것이다. 그 모든 과정의 중심은 언제나 '나'이다. 3부 '나'의 문제해결 글쓰기에서는 나를 중심으로 연결된 세상을 인식하고 분석하는 과정으로서 에세이 쓰기를 한다. 그간 무심코 지나쳤던 나를 구성하는 다양한 대상들을 인식하고 연결하는 훈련을 통해, 나의 미래를 대비하는 시간이 되기를 바란다. 4부 '사회' 문제해결 글쓰기에서는 각자의 전공과 관심사를 반영하여 칼럼, 제안서, 설명서라는 세 가지 유형 중 하나를 선택하여 글을 쓴다. 각 주제에 대한 자료 조사와 읽기를 통해 자신의 인식력을 확장하고 유형별 글쓰기를 통해 구체화하도록 했다.

이 책의 궁극적인 목적은 '문제해결'이지만 결과뿐만이 아니라 과정 또한 중요하게 다루어져야 한다. 학습활동을 성실히 수행하여 나의 일상이 낯설어지는 경험을 하게 된다면 이 책의 목적은 충분히 달성된 것이다. 모쪼록 이 책이 대학생들의 미래를 설계하고 준비하는 것에 작게나마 도움이 되기를 희망한다.

저자 일동

목차

제4부 '사회' 문제해결 글쓰기

제1부

문제해결 글쓰기의 기초

제1장

문제해결 글쓰기의 필요성

모든 글쓰기는 문제해결을 목적으로 한다. 리포트, 비평문, 실험 보고서 등 다양한 종류의 글은 각자가 목표를 설정하고, 그 목표에 도달하기 위한 사고 과정을 기술한 것이다. 글쓰기는 의사소통의 수단이자 정보전달과 설득의 수단이다. 이러한 글쓰기의 목적을 효과적으로 달성하고, 설정한 문제를 해결하기 위해서는 그 사회에서 공유되는 의식구조나 커뮤니케이션 방법을 학습하여 글쓰기에 적용해야 한다. 예를 들어 리포트를 쓰기 위해서는 해당 전공 분야의 언어와 소통 방식을 알아야 한다. 우리가 글쓰기를 어려워하는 이유는 문제해결을 위한 이러한 소통과 전략 수립에 익숙하지 않기 때문이다.

문제해결 글쓰기는 다양한 글쓰기 유형 중에서 세상의 변화에 좀 더 민감하다. 문제해결 글쓰기는 세상의 변화를 읽고 해석하며, 나와 타인 그리고 사회가 연결되는 방법을 질문하고 답하는 과정이다. 지금-현재도 변화하고 있는 사회를 읽어내며 나에게 닥친 문제를 질문하고 답할 수 있는 능력을 키우는 것이 중요한 과제이다. 문제해결 글쓰기의 필요성은 크게 세 가지로 정리할 수 있다.

(1) 지식의 습득에서 지식의 융합으로

문제해결 글쓰기는 4차 산업혁명 시대에 효과적으로 대응하기 위해 필요하다. 2016

년 스위스 다보스에서 열린 세계경제포럼에서 처음 제시한 '4차 산업혁명'은 이제 우리 사회 전반을 규정하는 개념이 되었다. 4차 산업혁명은 과학기술에 기반을 둔 정치·경제·사회문화의 변화를 의미한다. 그만큼 우리의 일상과 매우 밀접하게 연관되어 있다. 여기서 중요한 것은 이제까지 단절적으로 인식되던 현상의 공통기반으로서 과학기술에 대한 인식이 본격화되었다는 점이다. 우리는 '네트워크' 속에서 공부하고 일하고 취미 활동을 한다. 공부와 일, 그리고 취미는 각기 다른 세계이지만, 동시에 과학기술이라는 교집합을 가지고 있다. 일례로 게임으로 돈을 벌거나 취미로 시작한 유튜브가 직업이 되는 경우를 쉽게 찾아볼 수 있다.

이런 변화된 현실에 대응하며 살아가기 위해서는 지식의 습득이 아니라 지식을 융합할 수 있는 능력이 필요하다. 우리는 클릭 몇 번으로 고급 정보와 지식을 쉽게 얻을 수 있다. 지식과 정보를 얻기 위해 큰 노력을 하지 않아도 되는 시대에 지식의 습득은 중요한 과제가 아니다. 이제 우리에게 필요한 것은 수많은 정보와 지식의 더미에서 참과 거짓을 판단하고 문제해결을 위해 각각의 정보와 지식을 융합할 수 있는 능력이다. 하나의 사례를 살펴보자.

원인	통계만 활용 => 객관화의 오류
해결 방안	객관적 수치에 내재되어 있는 다양한 측면을 고려해야 한다. (경제난, 취업난, 여성의 경력단절 등)

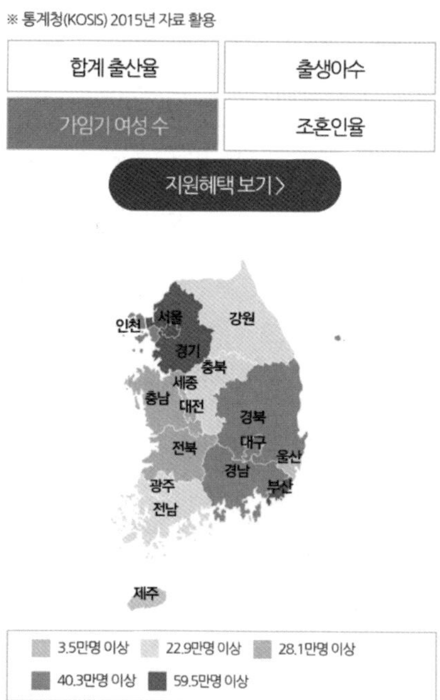

그림 1-1 대한민국 출산지도 모바일용 화면 갈무리

2016년 행정자치부는 심각한 출산율 저하 문제를 해결하기 위해 '대한민국 출산지도'를 제작했다. 지도가 공개되자 쏟아진 비판에 정부는 '통계'를 활용해서 출산율을 늘리기 위한 지자체 경쟁을 유도하고자 하였다고 해명했다. 문제는 바로 여기에 있다. 쉽게 얻을 수 있는 통계 정보만 가공해서 보여주는 것으로 출산율 저하 문제가 해결될 수 있을까? 지속적인 출산율 저하는 경제난, 취업난, 여성의 경력 단절 등 여러 사회 현상이 복합적으로 작용해 발생한 문제이다. 이런 각각의 정보를 융합하지 못하고 특정 정보만 취했을 때 발생하는 문제를 '대한민국 출산지도' 사건은 보여주고 있다. 문제설정부터 잘못된 상황에서 올바른 해결책을 기대하는 것은 불가능하다.

(2) 수동적 삶에서 능동적 삶으로의 전환

그림 1-2 컨베이어 벨트 앞에서 일하는 포드(Ford)의 노동자

문제해결 글쓰기는 가속도의 시간을 이겨내고 능동적 삶을 살기 위해 필요하다. 근대사회는 과학기술과 매우 밀접하게 연결되어 있으며, 그런 만큼 언제나 속도가 중요했다. 속도가 돈과 직결되기 때문이다. 1903년 포드(Ford) 자동차가 만들어 낸 대량 생산시스템을 생각해보자. 거대한 공장의 컨베이어 앞에 노동자들이 서 있다. 컨베이어 속도에 맞추어 노동자들은 각자의 일을 반복해서 수행한다. 자동차 생산량을 높여야 한다는 목표 앞에 노동자들은 기계와 같은 속도로 움직여야 했다. '포드 시스템'이라고 명명되는 이 체제는 1960-70년대 우리나라에서도 예외 없이 적용되었다. 하루에 14시간 공장에서 일하고, 주 1일 쉬기도 어려웠던 당시의 노동 환경은 가속도 사회의 일면을 보여주는 것이다.

근대 초기와 비교할 수 없이 과학기술이 발전한 현재에 우리가 체감하는 속도는 더욱 빨라졌다. 이로 인해 대학생인 우리의 삶도 많이 변화했다. 대학의 낭만이 사라진 지 꽤 오래되었다. 우리는 대학에 오자마자 진로를 고민하고 각종 자격증을 얻기 위해 노력한다. 스펙(spec)을 잘 쌓아야 좋은 직장에 취업할 수 있기 때문이다. 과학기술이 발전할수록 취득해야 하는 자격증의 개수는 늘어난다. 스펙의 사전적 정의가 사용설명서라는 사실이 단적으로 보여주듯, 우리는 스스로를 매력적인 상품으로 만들기 위해 쉼 없이 달리고 있다.

나의 의지와 상관없이 거대한 급류에 휩쓸려 어딘가로 흘러간다는 생각을 한 적이 있는가? 잠시라도 이런 생각을 했다면 나의 일상에서 어떤 문제를 감지했다는 것이다. 문제해결 글쓰기는 나의 일상을 전환하는 계기가 될 수 있다. 수동적으로 끌려가기만 했던 삶에서 능동적으로 기획하는 삶을 살기 위해 문제해결 글쓰기가 꼭 필요하다.

(3) 지역/사회에 기여하는 방법 학습

문제해결 글쓰기는 공동체에 기여하는 방법을 학습하기 위해 필요하다. 인간은 자신이 속한 공동체와 호흡하며 성장하고, 나아가 공동체의 발전에 기여한다. 우리는 경상남도 진주에 위치한 '경상국립대학교'라는 공동체에 속해 있다. 또한 우리는 코로나19 이후 정치·경제·사회문화 등이 뒤바뀐 세계 속에서 살아가고 있다.

그림 1-3 울산·경남지역 혁신 플랫폼 모델인 'USG 공유대학'의 홈페이지

문제해결 글쓰기는 인간이 공동체의 구성원이라는 사실을 상기하며, 내가 지역과 사회에 어떤 기여를 할 수 있을지 고민하는 과정이기도 하다. 이 과정은 공동체와 개인의 연결고리를 사고하는 시간이다. 특히 나를 둘러싼 다양한 층위의 시간을 비판적으로 인식함으로써 궁극적으로는 나의 미래를 진취적으로 설계할 수 있다. 우리 대학이 선도하고 있는 USG 공유대학 모델이나 울산·경남지역 혁신 플랫폼 모델은 지역과 대학, 그리고 대학생의 연결고리를 보여준다. 지금 이 시점에서 왜 이런 모델이 등장한 것일까? 이러한 질문을 던지고 답을 할 수 있을 때, 나의 미래 설계가 지금과 조금은 달라질 수 있을 것이다.

학습활동

◆ EBS 다큐프라임 <왜 우리는 대학에 가는가- 5부: 말문을 터라> 영상을 보고 우리는 왜 질문하지 않는지, 어떻게 이 문제를 해결할 수 있을지 토론해보자.

◆ 'USG 공유대학' 혹은 '울산·경남지역 혁신 플랫폼'의 취지, 목적, 운영 방안 등을 조사한 뒤, 나의 진로 설계와 관련해서 어떤 점을 참고해야 할지 발표해보자.

제2장

문제 중심적 접근이란?

문제해결 글쓰기는 문제 중심적 접근을 추구한다. 문제 중심적 접근이란 올바른 문제 설정을 통해 문제의 구조를 분석하고 적절한 해결책을 제시하는 것이다. 우리는 보통 경험과 학습된 내용을 바탕으로 문제를 인식한다. 하지만 세계적 네트워크가 일상이 되고 정보와 지식이 실시간으로 공유되는 시대에 나의 지식과 경험은 부분적일 수밖에 없다. 눈앞의 좁은 현실이 아니라 눈에 보이지 않는 넓은 세계 속에서 문제를 인식할 수 있어야 한다.

당장 중요한 것은 문제설정을 바르게 할 수 있는 능력을 갖추는 것이다. 올바른 문제 설정을 할 수 있는 능력을 갖춘 사람이라야 구체적인 해결책을 마련할 수 있다. 문제 중심적 접근은 아래의 세 가지 방법을 추구한다.

(1) 정답에서 '과정'으로

우리는 정답을 찾는 문제풀이에 익숙하다. 이런 사고에서 정답은 하나이며, 그 밖의 답은 오답이 된다. 또한 정답의 도출 과정에 대해 질문하거나 토론하지 않고, 그 과정을 암기하는 것에 초점을 맞춘다. 문제해결 글쓰기는 이러한 정답 찾기와 거리를 두며 다음과 같은 두 가지 특징을 갖는다.

문제 중심적 접근의 특징

1. 답은 여러 가지일 수 있다. 융합이 중요하다.
2. 문제해결 과정에 초점을 맞춘다.

나의 생각과 다른 답이라고 해서 틀린 것은 아니다. 중요한 것은 각각의 답이 주어진 문제를 해결하는 것에 어떤 실질적 기여를 할 수 있느냐이다. 이를 논의하는 과정에서 제출되는 여러 가지 답을 종합하여 제3의 방법을 찾을 수도 있다. 이 모든 과정에 초점을 두는 것이 중요하다. 많은 학생들이 문제해결 글쓰기를 어려워하는 이유는 과정 중심의 글쓰기가 익숙하지 않기 때문이다. 한 번도 제대로 배워본 적이 없기 때문에 어려운 것은 당연하다. 우리가 살아갈 사회는 정답을 잘 찾는 사람이 아니라 올바른 문제설정과 그에 따라 효과적으로 문제해결을 할 수 있는 사람을 필요로 한다는 점을 기억하자.

왜 그럴까? 우리에게 닥칠 문제는 이제껏 한 번도 경험하지 못한 것이기 때문이다. 어느 날 우리를 덮친 미세먼지와 필수품이 되어버린 공기청정기, 지역 소멸까지 거론되는 인구절벽, 소셜 네트워크(SNS)시대를 지나서 메타버스(Metaverse) 사회로 진입하는 현실에서 벌어지는 양극화의 심화 등은 기존의 논리와 방법으로는 해결하기 어렵다. 이런 문제를 해결하기 위해서는 분과 지식을 횡단하며 사고할 수 있는 능력이 요청된다.

(2) '연결'하는 사고

문제해결 과정에 초점을 둔다는 것은 기존의 지식을 연결하는 작업이기도 하다. 이와 관련하여 다음의 글을 살펴보자.

반복되는 일상을 잠시 멈추고 삶의 패턴에 영향을 미치는 겹들을 조금만 관찰하면 전체를 규율하는 원칙을 발견하게 된다. 바로 돈의 흐름, 즉 자본의 이동이다. 오늘날 자본은 단지 경제 문제로만 소급되지 않는다. 돈에 대한 인식의 차이가 정치적 관점을 만들고, 지지하는 정당을 결정한다. 새로운 사회 현상이나 이를 반영한 신조어를 조금만

들춰보면 대부분 돈의 문제와 연관되어 있다는 사실을 알 수 있다. (중략) 전 세계적 연결망이 구축되면서 만들어진 새로운 문화를 생각해보자. 유튜브(Youtube)를 통해 필요한 정보를 얻고, 카카오톡(KakaoTalk)으로 해외에 있는 지인들과 영상통화를 하고, 온라인 강의를 듣는 풍경은 네트워크 사회를 살아가는 우리의 일상이다. 5G 시대, 초연결 사회로의 진입은 이런 삶을 더욱 가속화할 것이다.

이 모든 풍경에는 공통적으로 돈이 흐르고 있다. 연간 억대의 수입을 올리는 유튜브 크리에이터는 초등학생이 선망하는 직업이 되었고, 전 국민의 메신저 카카오톡은 무료 플랫폼으로 수익 창출을 이루었다. 코로나19 정국에서 의도치 않게 전국적으로 확산된 온라인 수업은 기존의 오프라인 수업을 대체하며 자리 잡을 가능성이 크다. 태블릿 등 다양한 기계를 이용한 에듀테크(EduTech)시장은 2017년 4조원에서 2020년 10조원 이상으로 성장한 것으로 예측된다.

최병구, 『포스트 휴먼과 SF』, 나남출판, 2021, 54쪽.

위의 글은 과학기술이 만들어 낸 새로운 풍경을 살펴보고 있다. 조금 더 구체적으로 말하면 새로운 과학기술이 정치·경제·교육의 측면에서 어떤 변화를 만들었는지를 기술하면서, 각각 영역의 저류에 자본이 자리 잡고 있음을 강조하고 있다. 정치·경제·교육이라는 각각의 영역을 단절적으로 바라보는 것이 아니라 어떤 맥락에서 연결되고 또 갈라서는지를 인식할 수 있는 사고가 중요하다. 우리에게 닥친 문제를 둘러싼 다양한 겹을 인식할 때 정확한 문제설정과 구체적인 해결 방법이 나올 수 있음이 자명하기 때문이다.

(3) 문제해결을 지향하는 '창출'

문제해결 글쓰기의 최종 목적은 발견한 문제를 해결함으로써 새로운 가치를 창출하는 것이다. 공유가치창출(CSV, created shared value)이란 개념이 있다. 기업이 사회 문제를 해결하면서 동시에 이윤을 추구하는 전략을 의미한다. 오늘날 기업이 이윤만을 좇지 않고 사회와 공존할 수 있는 방향을 모색하는 것은 지속 가능한 발전을 위한 사명이 되었다. 지자체와 대학, 기업의 연대라는 시대적 방향성은 바로 이런 가치 창출을 위한 방법인 셈이다. 여기에 개인도 하나의 주체로 참여할 수 있다. 지역 사회의 문제를 발견한 개인의 아이디어가 제도화되었을 때를 상상해 보자. 최근 각 대학에서 대학생들의 정책 아이디어 공모가 이루어지는 현상은 우연이 아니다.

학습활동

◆ 다음의 유의사항을 지키며 경상국립대학교의 문제점과 해결 방안에 대해 토론하고 발표해보자.

<유의사항>
1. 논의 순서는 문제점-원인-해결 방안 순으로 한다.
2. 문제점은 구체적이며 해결 방안은 실현 가능성이 있어야 한다.
3. 문제의 원인은 '과정' '연결' '창출'의 문제의식을 고려해서 설정한다.
(예. 경제적 측면/지역적 측면/제도적 측면 등)

문제점	
원인 1	
원인 2	
원인 3	
해결 방안	

제2부

문제해결 글쓰기의 방법

제1장

질문하기와 문제설정하기

문제해결 글쓰기는 문제를 인식하고 질문을 던지는 일로부터 시작한다. 우리 주변에서는 수많은 문제가 발생하지만, 그 문제를 인식해야 비로소 '문제'로 설정될 수 있다. 지금까지 살아오면서 의문을 가졌던 일을 생각해보자. 많은 경우 의문을 가지게 되어도 곧 잊어버리고 만다. 문제해결 글쓰기는 좋은 질문을 던지고 그 질문에 대해 스스로 답하는 과정 속에서 이루어지는 것이다. 질문에 대한 답은 '자료조사'를 통해 찾을 수 있다. 나의 의문을 기록하고 자료를 조사하며 그 의문의 기원을 추적해보자.

(1) 질문하기

우리는 어떤 문제가 생겼을 때 질문을 해야 한다. 예를 들어 요리사가 되고 싶은 고등학생이 있다고 하자. 그 학생은 요리를 배울 수 있는 전문대학에 가기를 희망한다. 하지만 학생의 부모님은 자신의 아이가 4년제 대학에 진학한 후 공무원이 되기를 바란다. 진로 문제를 놓고 자식과 부모가 갈등하고 있는 것이다. 고등학생은 자신에게 닥친 문제를 어떻게 해결할 수 있을까? 만약 고등학생이 자신의 주장만 반복한다면 갈등은 좀처럼 해결되지 못할 것이다. 나의 주장이 아니라 상대방의 입장에 대해 질문해야 한다. 왜 부모님은 내가 4년제 대학에 진학해서 공무원이 되기를 바라는 것일까? 이 질문에서

'취업률', '비정규직', '불안정성' 등의 단어를 연상할 수 있다. 이로부터 요리사는 불안정한 직업일까? 요리사 취업 현황은 어떠한가? 등의 질문이 이어질 수 있다.

우리는 어떤 문제에 직면했을 때 일반적인 경우를 따라하기보다는 질문을 통해 한 발 더 나아갈 수 있는 훈련을 해야 한다.

일반적인 경우	질문하기
• 자신의 주장을 나열한다. • 현상을 그대로 받아들인다. • 단답형으로 대답한다.	• 충돌이 생겨나는 이유(원인)를 질문한다. • 현상의 함의를 질문한다. • 한 번 더 질문한다.

(2) 문제설정하기

문제설정하기는 질문을 통해 문제가 포괄하는 몇 가지 맥락을 발견하는 과정이다. 올바른 문제설정이 이루어져야 설득력 있는 해결책이 나올 수 있다. 꼭 해결책을 도출하지 않더라도 올바른 문제설정은 문제의 함의를 파악할 수 있다는 점에서 중요하다. 문제설정하기는 다음과 같은 과정 속에서 이루어진다.

우선 진로에 대한 부모님과 나의 입장 차이가 있다는 사실을 발견한다. 이는 눈에 쉽게 보이는 현상적인 것이다. 여기서 나의 입장만 이야기하지 말고 부모님이 왜, 요리사라는 직업과 전문대 진학을 반대하는지를 묻고 답하는 것이 중요하다. 부모님 판단의 근거가 되는 지표를 파악하기 위해서는 관련된 자료를 찾아보아야 한다. 그 결과 부모님이 요리사라는 직업을 반대하는 원인이 경제적 측면과 제도적 측면으로 구성되어 있음을 알 수 있다. 이러한 문제설정의 과정을 마친 후에 요리사가 경제적/제도적으로 어떤 비전을 가지고 있는지를 다시 질문하고 답을 하는 과정에서 문제해결까지 이를 수 있는 것이다.

1. 문제발견
부모와 진로에 대한 인식 차이

»

2. 문제설정
경제적 측면
제도적 측면

»

3. 문제해결
경제적 측면: 직업 안정성과 경제성 확보 가능
제도적 측면: 정규 교육과정을 통해 요리사로 양성될 수 있음

제2장

유형화

유형화는 문제설정을 위해 현상의 배경을 질문하고 분류하는 과정이다. 즉 유형화는 문제를 둘러 싼 배경의 속성을 인식하고 명명함으로써, 문제의 본질에 좀 더 가까이 다가기 위한 방법이다. 우리는 유형화를 통해 문제의 구조와 함의를 파악할 수 있으며, 이를 토대로 궁극적으로는 올바른 해결책을 마련할 수 있다. 유형화를 위해 고려해야 할 사항은 다음과 같다.

(1) 문제의 배경을 질문하라

어떤 문제를 인식했다면, 가장 먼저 고민해야 하는 것은 문제의 배경에 대한 질문이다. 우리는 많은 경우 문제의 배경이 아니라 현상적인 것만 생각한다. 가령 학내에서 흡연구역이 개방형이라서 간접흡연 피해를 당했던 학생이 있다고 생각해보자. 그 학생은 흡연구역이 개방형이라서 간접흡연 피해가 생긴다고 문제를 인식하고, 그 해결책으로 밀폐형 흡연부스를 제시한다. 내가 느낀 문제를 해결하기 위한 방법을 찾은 것이라고 할 수 있다.

그런데 밀폐형 흡연부스를 아무도 생각하지 못해서 제작을 하지 않은 것일까? 당연히 아니다. 밀폐형 흡연부스를 만들지 못한 배경이 있는 것이다. 여기서 한 번 더 문제의 배경을 질문해야 한다.

<table>
<tr><th>문제 인식</th><th>질문</th><th>해답</th><th>질문</th></tr>
<tr><td rowspan="2">개방형 흡연부스로
인한 간접흡연</td><td rowspan="2">어떻게
해결할까?</td><td>밀폐형 흡연부스를 만들자</td><td></td></tr>
<tr><td>밀폐형 흡연부스를 만들자</td><td>밀폐형 흡연부스는
왜 설치되지 않은 것일까?</td></tr>
</table>

우리는 표의 아래와 같이 현상적으로 판단하고 내린 해답을 다시 한 번 질문해야 한다. 이 과정이 바로 문제의 배경에 도달하는 '질문의 연쇄'이다. 이 지점에서 많은 학생들이 밀폐형 흡연부스가 설치되지 못한 이유를 모르겠다고 답한다. 쉽게 그 이유를 찾기 어려운 것이다. 두 번째 질문에 대한 답을 찾으려면 '자료 조사'를 해야 한다. 교내 담당자를 찾아 인터뷰를 하거나 관련 기사를 찾는 과정에서 밀폐형 흡연부스가 설치되지 못한 이유를 발견할 수 있다. 바로 이 과정이 '자료 조사'이다. 대부분의 글쓰기가 그렇듯, 문제해결 글쓰기도 자료를 찾아서 읽는 노력이 중요하다.

(2) 유형화는 연결의 시작

문제의 배경을 질문하고 유형화를 한다는 것은 별개의 영역처럼 보이는 세계를 서로 연결하는 과정이다. 우리가 만나게 될 문제는 결코 단일한 측면만 가지고 있지 않다. 유형화는 바로 이런 비가시적인 복잡한 맥락을 가시적으로 명확히 함으로써 올바른 해결책을 찾기 위한 시작이 된다. 다시 밀폐형 흡연부스 문제를 생각해보자. 우리는 자료 조사를 통해 밀폐형 흡연부스가 설치되지 못한 이유로 학교 예산 배정의 문제, 밀폐형 흡연부스 실효성의 문제 등이 있음을 알 수 있다. 이를 유형화하면 경제적 측면과 실효성 측면에서 밀폐형 흡연부스가 설치되지 못한 것이다. 여기서 우리는 경제적 측면과 실효성 측면을 연결하고 검증해야 한다. 밀폐형 흡연부스 설치비용을 조사하여 학교에 미치는 경제적 부담을 객관적으로 증명할 수 있으며, 사례 조사를 통해 밀폐형 흡연부스의 실효성을 확인할 수 있다. 나아가 비용과 실효성의 상관관계를 설명할 수도 있을 것이다.

(3) 연결을 통한 해결 방안 도출

문제의 배경을 질문하고 유형화한 각 항목을 연결하는 과정은 궁극적으로 실현 가능한 해결책 마련을 목표로 하는 것이다. 앞선 문제는 '간접흡연'에서 시작된 것이었다. 우리는 문제에 대한 연속된 질문을 통해 '밀폐형 흡연부스'의 실효성에 대한 질문까지 나아갔다. 이 과정에서 간접흡연을 막기 위한 방법이 밀폐형 흡연부스 설치에만 있지 않다는 사실을 알게 되었다. 밀폐형 흡연부스가 설치되어 있어도 바깥에서 흡연을 하면 아무 소용이 없기 때문이다. 그동안 흡연구역이 개방형이어서 생겨난 간접흡연이라는 '경험적 사실'에 지나치게 얽매여 있었던 것이다. 따라서 우리는 간접흡연의 피해를 예방하기 위해서 흡연자의 의식적 측면과 같은 다른 유형화를 추가해야 할 필요성을 깨닫게 된다. 이상의 과정을 정리하면 다음과 같다.

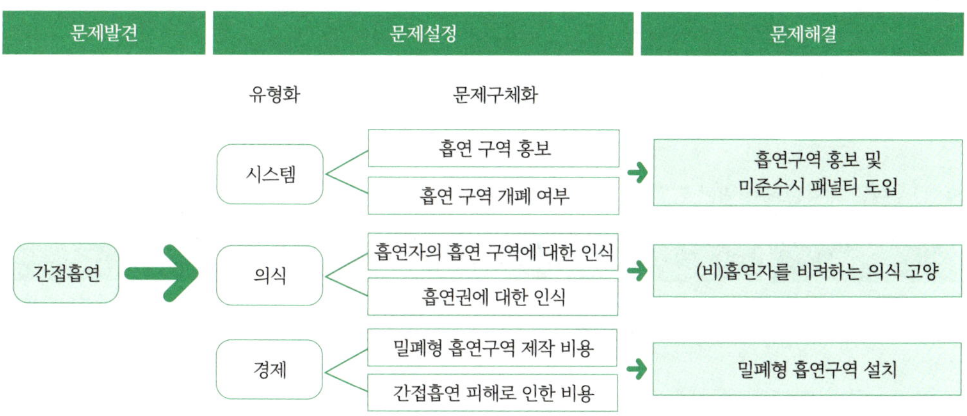

◆ **이것만은 기억하자!**

1. 발견한 문제를 둘러싼 여러 가지 맥락을 처음부터 인식할 수 없다.
2. 연속된 질문을 통해 문제의 배경과 구성 요소가 명확해진다. (유형화 과정)
3. 문제발견에서 문제설정, 해결 방안으로 이어지는 과정은 순환적이다.
   (언제든 앞의 순서로 돌아갈 수 있다.)
4. 문제해결은 궁극적인 목표이다. 당장은 유형화를 통해 문제를 구체적으로 인식하는것에 집중하자.

학습활동

◆ '지방소멸' 문제를 해결하기 위한 유형화 작업을 해보자.

문제발견	문제설정		
	질문하기	유형화	문제구체화
지방소멸 →			

◆ '성공적인 대학생활을 위한 방법' 모색을 위한 유형화 작업을 해보자.

문제발견	문제설정		
	질문하기	유형화	문제구체화
성공적인 대학생활을 위한 방법 →			

제3장

표절과 인용

(1) 표절

글쓰기에서 표절은 범죄이다. 이 사실을 의식하지 않으면, 인터넷 검색을 통해 쉽게 정보를 얻을 수 있는 시대에 표절이라는 범죄를 저지르기 쉽다. 글만이 아니라 타인의 아이디어, 생각과 같은 비물질적인 것을 가져오는 행위도 표절에 해당한다는 점을 명심하자. 문제해결 글쓰기의 특성상 아이디어와 생각에 대한 표절 개념을 확실히 해 둘 필요가 있다. 표절의 범주와 학생들이 저지르는 표절 사례를 제시하면 다음과 같다.

표절의 범주

1. 다른 사람의 창작물, 연구 성과를 자신의 이름으로 발표하는 행위
2. 다른 사람의 독창적인 아이디어나 생각을 출처를 밝히지 않고 사용하는 행위
3. 다른 사람의 글을 편집해서 자신의 것처럼 사용하는 행위
4. 다른 사람의 표나 사진 등을 무단으로 사용하는 행위

학생들의 표절 사례

1. 다른 학생의 보고서 및 논문을 자기의 것으로 이름만 바꿔서 제출하는 행위
2. 온라인에서 보고서를 구매해서 제출하는 행위

3. 인터넷에서 출처를 알 수 없는 글을 가져오는 행위
4. 출처를 밝히지 않고 책이나 논문의 내용을 가져오는 행위

(2) 인용

인용은 타인의 글이나 말을 가져오며 출처를 밝히는 것이다. 인용의 형식과 방법은 꼭 숙지해야 하지만, 중요한 것은 인용의 이유이다. 우리는 왜 글을 쓰며 인용을 해야 할까? 표절을 피하기 위해서 인용을 해야 한다. 하지만 더 중요한 이유는 넓고 깊게 문제에 접근하기 위해서이다. 반복하건대, 내가 부딪히는 문제는 복잡한 맥락을 가지고 있다. 문제가 생기는 원인의 대부분이 눈에 잘 보이지 않는다. 눈에 보이지 않는 부분을 보기 위해서 그 문제에 대해 오래 고민한 필자의 글이나 말을 참고할 필요가 있는 것이다. 인용의 목적은 아래 세 가지로 정리할 수 있다.

인용의 목적

1. 주장의 근거를 제시함으로써 논지를 탄탄히 할 수 있다.
2. 표절을 피하며 독자들에게 정보를 제공할 수 있다.
3. 문제의 원인을 폭넓게 파악할 수 있다.

(3) 인용 방법

직접인용

원문을 그대로 가져와 인용하는 방식이다. 인용문의 길이가 짧은 경우에는 본문 속에 배치한 뒤, 인용된 부분을 “ ”로 묶고 각주에 출처를 밝힌다. 인용문의 길이가 긴 경우에는 본문과 따로 배치한다.

<인용문의 길이가 짧은 경우>

사회주의자로서 가족 이데올로기를 벗어나고자 했다면 연희에게 충실했어야 했으며,

가족을 지키려는 가장으로서 본분에 충실하고자 했다면 연희와 연애를 하지 말았어야 했다. 이런 점에서 남편은 순재와 연희에게 잘못을 한 것이다. 차라리 규범을 위반했던 연희와 이를 이해하고 있는 순재가 조금 더 사회주의자의 인식에 가까운 것이다. 적어도 여성 연대는 "'가족의 이념형'이 풍기는 그릇된 젠더 중립성"[1]을 벗어던지고자 했기 때문이다.

---

1) 낸시 홈스트롬, 유강은 역, 『사회주의 페미니즘』, 따비, 2019, 203쪽.

<**인용문의 길이가 긴 경우**>

형예는 정희 집으로 가는 길에 남편과 함께 온천에 가던 명순이와 마주치고는 다음과 같은 생각을 하게 된다.

> 웬일로 이제 이렇게 긴-담을 끼고 호젓이 생각하노라니 그 귀엽고…곧은 생각을 담옥 담옥 지녔던 죽은 숙히라든가, 남편과 이혼을 하고 지금은 남포 어디서 뭘 하는지도 모른다는 지순이라든가 또 게봉이나 이제 형예 저 같은 사람보다도 명순이 같은 애들이 훨신 대견하고 그저 그만이면 그만으로 어째 훌륭한 것 같은 생각이 들기도 한다.[2]

인용문에서 형예는 자신보다 남편의 그늘에서 살림을 하는 명순이 더 훌륭하다고 생각한다. 요컨대 가족을 이루었다면 「산길」의 순재처럼 남편을 이해하며 감정을 적절히 억누르는 것이 현명할 수 있다는 판단인 셈이다.

---

2) 서정자 편, 『지하련 전집』, 푸른사상, 2004, 67~68쪽.

간접인용

원문을 그대로 가져오지 않고 필자가 이해한 방식으로 서술한 뒤에 각주에 출처를 밝히는 경우이다. '참조' 라는 표시를 하여 원문을 읽고 썼다는 사실을 밝혀준다.

> 해러웨이는 「사이보그 선언」에서 '사이보그' 개념으로 페미니즘과 사회주의를 연결했다. 그에 따르면 사이보그는 실재와 상상력이 융합된 존재이다. 그간 사이보그가 SF의 상상된 이미지로만 존재했다면, 해러웨이는 사이보그를 남성 중심의 서구 문명주의를 벗어나려는 존재로 규정하며 현실로 불러낸다. 과학기술의 발전과 새로운 네트워크의 출현이라는 현실에서 과학이 근대의 인식론을 극복하고 새로운 사회를 만드는 것에 관여하기를 바란 것이다. 이런 시각에서 그녀는 '유색인 여성'을 사이보그의 사례로 제시한다. 과학기술 기반 산업의 성장 과정에서 비가시적 존재로 취급되었던 유색인 여성을 사이보그로 명명하고 가시화함으로써, 근대의 테크놀로지와 이에 기반한 사회의 구조를 드러내고자 한 것이다.[3]
>
> 3) 도내 헤러웨이, 황희선 역, 『해러웨이 선언문』, 책세상, 2019, 참조.

각주 및 참고문헌

인용 과정에서 주석을 달게 된다. 주석 중 해당 페이지에 표시되는 주석은 각주, 글의 제일 뒤편에 표시되는 주석이 미주이다. 참고문헌은 글을 작성하며 참고한 책을 글의 제일 마지막에 적어주는 것이다. 주석과 참고문헌은 해당 학문 분야에서 사용하는 형식에 따른다. 아래 예시에서 쪽수만 빼주면 참고문헌 형식이 된다.

단행본	저자, 『책이름』, 출판사, 출판 연도, 쪽수.
	김태호, 『오답이라는 해답』, 창비, 2021, 189쪽.
역 서	저자, 역자, 『책이름』, 출판사, 출판 연도, 쪽수.
	제이슨 W. 무어, 김효진 역, 『생명의 그물 속 자본주의』, 갈무리, 2020, 89쪽.

논 문	저자, 「논문제목」, 『논문집 이름』 권호수, 학회명, 출판 연도, 쪽수.
	이민영, 「발화하는 여성들과 국민 되기의 서사」, 『한국근대문학연구』 제17집, 한국근대문학회, 2016, 280쪽.
정기간행물	저자, 「기사명」, 『저널명』, 간행연도, 쪽수.
	나운채, 「수요집회 30돌, 소녀상 양쪽 두 집회」, 『중앙일보』, 2022.1.6., 18쪽.
	강양구, 「잘못된 질문이 낳은 샴쌍둥이」, 『에피』 제2호, 2017.2, 33쪽.
인터넷자료	저자, 「기사명」, 『저널명』 간행연도, 사이트 주소, 검색일.
	이한결, 「그린피스 마지막 기표소」, 『국민일보』, 2022.1.6., http://news.kmib.co.kr/article/view.asp?arcid=0016642067&code=61121111&cp=nv, (검색일: 2022년 1월 6일)
외국서적	저자, 책이름, (출판 지역: 출판사), 출판 연도, 쪽수.
	C. D Lewis, *Poetry for You*, (London: Oxford University Press), 2008, p.88.

학습활동

◆ 다음의 내용을 각주로 작성해보자.

각주 1. 2019년에 '오월의봄'에서 출판된, 오혜진이 쓴 '지극히 문학적인 취향'이라는 책의 122~123쪽을 인용하였다.

각주 2. London에 있는 Oxford University Press에서 2018년에 출판된, Max Neufenind의 저서 'WORK IN THE DIGITAL AGE'의 40쪽을 인용하였다.

각주 3. '각주1'과 같은 책의 190쪽을 인용하였다.

각주 4. 2013년에 '플래닛'에서 출판된 책으로, 캐서린 헤일스가 쓰고, 허진이 번역한 '우리는 어떻게 포스트 휴먼이 되었는가'의 55쪽을 인용하였다.

각주 5. 손유경이 한국여성문학학회가 2020년에 발간한 '여성문학연구'라는 학술지 50호에 발표한 '페미니즘의 포스트모던 조건'이란 논문의 402쪽을 인용하였다.

각주 6. 2022년 6월 20일 '한겨레21' 제1418호에 게재된, 신채윤의 '아픔의 칼이 내린다'라는 기사를 2022년 6월 24일에 인터넷으로 검색해 참고하였다. (http://h21.hani.co.kr/arti/culture/culture_general/52181.html)

◆ 우리 대학 도서관 홈페이지에서 '지역 대학의 위기'에 적절한 해결책을 제시하고 있는 논문을 검색하여, 왜 그 논문이 적절한 해결책을 제시한다고 생각하는지 토의한 후 그 내용을 정리해보자.

찾은 논문	
논문이 제기한 문제	
논문이 제시한 해결책	
적절성 및 타당성	
문제에 대한 다른 해결책	
기타	

제4장

초고 쓰기

(1) 초고 쓰기란?

글을 쓰는 과정은 일종의 문제해결 과정이라고 할 수 있다. 주제(문제)를 설정하고, 자료를 수집·정리·선택하여(문제 파악) 구성하고, 단락과 문장으로 표현(문제해결)하는 것이 글쓰기의 과정이다. 일반적으로 글쓰기의 핵심이 글을 통해 전달하고자 하는 중심 생각, 즉 주제를 명확하고 효과적으로 기술하는 것이라면, 문제해결 글쓰기에서는 문제설정과 해결 방안을 정돈하여 설득력 있게 전개해 나가는 것이 중요하다.

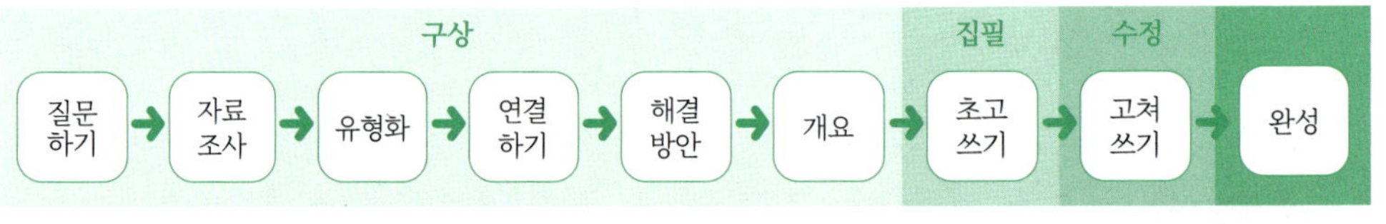

글은 '구상하기-집필하기-수정하기'의 세 단계를 거쳐 완성된다. 문제해결 글쓰기도 이와 크게 다르지 않다. 다만 보통의 글쓰기가 주제를 정하는 것에서 출발한다면, 문제해결 글쓰기는 '왜'라는 질문에서 출발한다. 문제의 배경에 대해 다양한 관점에서 질문을 던지고 질문에 답을 구해가는 과정에서 문제를 뚜렷하게 인식하게 된다.

문제발견과 문제설정을 거쳐 문제의 해결 방안을 도출한 후에는 개요를 마련하여 초고를 써야 한다. 이때 초고란 아직 다듬어지지 않은 상태의 원고를 일컫는 말이다. 초고라는 말 속에는 완성되지 않았다는 의미가 담겨 있으며, 따라서 수정하는 과정을 거쳐야 함을 전제로 한다. 처음부터 완벽한 글은 없다. 우리가 읽는 좋은 글도 여러 차례의 수정을 거친 이후의 것이다. 그래서 글쓰기의 과정에서 고쳐쓰기는 필수적이다.

글을 쓸 때 명심해야 할 것은 글쓰기가 선조적인 과정이 아니라 역동적인 과정이라는 점이다. 실질적인 글쓰기에서는 매 과정마다 수정이 이루어지며, 수정을 거치면서 주제가 뚜렷해지고, 구성이 안정되게 되며, 어휘와 문장, 단락이 주제와 관련하여 점차 완성되어 가기 때문이다.

(2) 구상하기

구상이란 글의 뼈대가 될 내용이나 표현, 형식 등에 대한 생각을 정리하는 것이다. 즉 '무엇을, 어떻게, 왜' 쓰는가에 대한 글쓴이의 생각이 곧 구상이다. 구상은 글을 쓰기 전에 무엇을(글의 내용), 어떻게(서술 방법), 어떤 순서(글의 구성)로 쓸 것인지에 대해 계획을 세우는 과정을 의미한다.

대부분의 글쓰기가 그렇지만 특히 문제해결 글쓰기에서 문제와 관련된 자료를 수집하여 선별하고 정리하는 작업이 매우 중요하다. 문제해결 글쓰기의 핵심이 올바른 문제설정 과정을 거쳐 문제의 구조를 분석하여 적절한 해결책을 제시하는 것이니만큼 구체적인 자료를 통해 문제를 정확하게 인식하고 문제를 둘러싼 여러 가지 맥락을 분석해야 한다.

자료조사는 필요한 자료의 성격과 내용에 따라 인터넷, 도서관, 현장조사, 설문조사, 실험·관찰 등 적절한 방법을 선택하여 진행하면 된다. 그러나 조사한 자료를 모두 글에 활용할 수는 없다. 수집한 자료를 검토하여 기준을 정해 정리한 후 글의 내용과 관련 있는 자료를 신뢰성과 적합성을 바탕으로 선별해야 한다. 경우에 따라 부족한 자료는 다시 조사하여 정리한다.

자료조사와 정리, 선별의 과정을 거쳐 문제를 해결할 수 있는 방법을 찾았다면, 글을 쓰기 위해 개요를 마련해야 한다. 개요란 구상의 과정에서 세운 계획이 최종적으로 완성된 것이다. 개요 작성은 글의 구체적인 순서와 서술 방식을 결정하는 것이며, 글의 일관성과 균형성, 체계성을 확보하기 위해 반드시 필요한 과정이다. 또한 개요를 작성하면서 주제 설정이나 자료 수집 등 앞선 단계에서 부족한 부분이 있는지를 검토해 볼 수도 있다.

무엇보다 자기가 감당하기 어려운 주제를 잡게 되면 해결책이 공허해질 수 있다는 점을 명심하자. 어떤 종류의 글이든 구체적인 문제설정이 가능한 주제를 잡도록 해야 한다. 구체적인 문제설정을 해나가는 과정에서 이루어지는 사고의 확장을 경험하는 것이 구상하기에서 가장 중요한 덕목이다.

(3) 단락 짜기

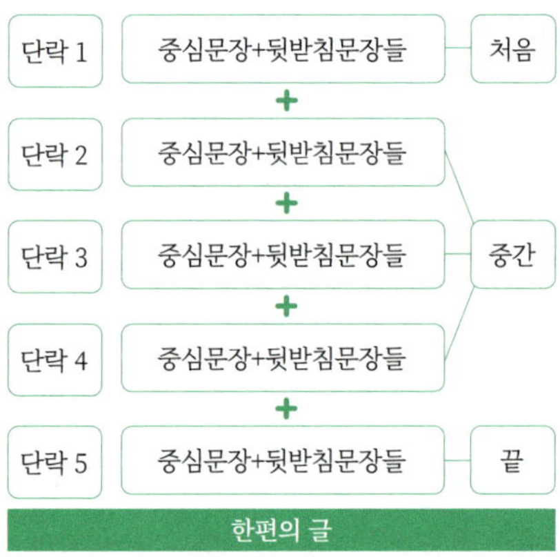

단락이란 생각의 작은 덩어리를 말한다. 각 단락의 핵심 내용을 소주제라고 하며, 단락은 소주제를 담고 있는 중심문장을 중심으로 구성된다. 소주제문과 뒷받침문장은 유기적으로 연결되어야 하며, 한 단락에는 하나의 소주제문만 있어야 한다.

각 단락의 소주제가 모여 글의 전체 주제를 드러낸다. 따라서 글을 쓰기 전에 전체 주제문을 생각하고 이를 다시 몇 개의 단락으로 구성할 것인지를 결정하여 각 단락의 내용(소주제)을 정하도록 한다.

일반적인 글의 3단 구성에서 다루는 내용은 아래와 같다.

처음	**• 글의 예비적 단계, 길잡이 구실** ① 글을 쓰는 동기, 이유, 목적 등 ② 다룰 문제의 범위, 성격, 전개 방향 ③ 문제를 다루는 이론이나 방법 ④ 그 밖에 필요한 예비적 사항

중간	**• 글을 본격적으로 펼치는 부분** ① 다룰 내용을 몇 갈래로 나누어서 부분별로 제시 ② 각 부분별로 문제를 제시하면서 필요한 풀이, 분석, 예시, 인용, 입증 따위의 방법으로 전개 ③ 각 부분마다 결론을 짓고 내용을 정리
끝	**• 글을 마무리 하는 부분** 요약, 정리, 강조, 제언

다음은 '간접흡연' 문제를 해결하기 위한 방안과 관련하여, 위 과정을 거쳐 완성한 개요의 예시이다.

주제	학교 내 간접흡연 피해를 예방하기 위해서는 학교와 흡연자의 노력이 필요하다.
제목	학교 내 간접흡연 문제해결, 누구의 몫인가?
처음	**1. 학교 내 간접흡연 피해가 심각하다.** - 피해 사례 - 간접흡연의 위험성
중간	**<간접흡연의 원인과 이유>** **2. 간접흡연의 첫 번째 원인은 개방형 흡연구역 설정이다.** - 개방형 흡연구역의 문제점 **3. 학교 내 구성원들의 간접흡연 피해에 대한 인식이 부족하다.** - 간접흡연 피해에 대한 인식 조사(문헌자료 혹은 설문조사) **<간접흡연 문제해결 방안>** **4. 학교는 밀폐형 흡연부스를 설치해야 한다.** - 밀폐형 흡연부스 설치 사례 및 비용 **5. 간접흡연 피해에 대한 적극적인 홍보가 필요하다.** - 인터넷을 활용한 홍보 및 게시물 부착 **6. 흡연자의 인식 개선이 필요하다.** - 비흡연자를 배려하는 흡연 습관 정착 캠페인
끝	**7. 학교 내 간접흡연 문제를 해결하기 위해서는 학교와 흡연자 모두가 노력해야 한다.**

(4) 단락 쓰기

① 단락의 조건

단락은 주제를 담고 있는 중심문장과 이것을 예시, 설명, 논증하는 뒷받침문장들로 구성된다. 따라서 단락을 잘 쓰기 위해서는 단락의 소주제에 대한 풍부한 배경 지식을 마련하는 것과 소주제를 중심으로 문장과 문장을 자연스럽게 연결하는 것이 중요하다. 단락에 대해서 잘 이해하고 글을 쓰면 말하고자 하는 바가 명료해지며, 글이 논리적 완결성을 갖추게 되고, 따라서 글의 설득력도 높아진다. 그리고 긴 글을 쓰는 것에 대한 부담 역시 줄어든다.

단락은 중심문장과 뒷받침문장이 모여 하나의 간단한 생각을 드러내는 글의 단위인 형식단락과 여러 형식단락으로 나뉘어 있지만 그 내용에 있어 하나의 중심생각을 드러내는 내용단락으로 구분된다. 하나의 형식단락이 하나의 내용단락이 될 수도 있으며, 경우에 따라 여러 개의 형식단락이 하나의 내용단락이 될 수도 있다. 어느 쪽이든 단락은 생각의 덩어리이며 들여쓰기로 시작한다는 점에서는 동일하다.

좋은 단락이란 다음과 같은 조건을 충족하는 것을 말한다.

단락의 조건	통일성	한 단락의 소주제(중심 생각)는 하나이어야 한다.
	완결성	단락의 중심내용을 독자가 납득할 수 있을 정도로 충분히 뒷받침해야 한다. 단락은 소주제를 중심으로 한 하나의 작은 완결된 글이어야 한다.
	일관성	하나의 단락은 소주제를 중심으로 일관된 내용·표현을 유지해야 한다.
	긴밀성	단락을 구성하는 문장들이 유기적으로 연결되어 있어야 한다.

여러 개의 생각을 한 단락으로 이어 붙이는 경우, 뒷받침문장이 부족하거나 아예 없는 경우, 중심문장과 뒷받침문장을 구분하지 않은 경우, 문장과 문장의 연결이 자연스럽지 못한 경우는 앞서 제시한 단락의 조건을 고려하지 않은 결과이다.

앞서 제시된 단락의 조건이 글 전체가 갖추어야 할 조건이기도 하다는 점을 명심하자. 글은 하나의 주제를 중심으로 구성되어야 하며(통일성), 글을 구성하는 단락들이 주제를 충분히 뒷받침해야 하고(완결성), 일관된 내용과 표현을 유지해야 한다(일관성).

또한, 글의 각 단락이 유기적으로 연결되어 글 전체가 자연스럽게 읽힐 수 있도록 해야 한다(긴밀성).

② 도표와 그림

문제해결 글쓰기의 최종결과물인 제안서나 설명서에서는 문제와 관련한 정보를 효과적으로 전달하기 위해 도표나 그림 등 시각적 자료를 제시하는 경우가 많다. 도표와 그래프, 그림과 같은 시각 자료의 경우는 복잡한 정보를 요약해서 제시하기 때문에 문장만으로 이루어진 언어적 서술에 비해 의사 전달에 효과적이다.

<table>
<tr><td>서술적 제시</td><td colspan="4">경상국립대학교의 재적학생 수는 2019년부터 2021년까지 꾸준한 감소세를 보였다. 2019년 19,674명, 2020년 19,254명, 2021년 18,611명이다. 재적학생 수 대비 남학생과 여학생의 비율은 2019년 남학생 62.5%, 여학생이 37.5%, 2020년 남학생 61.6%, 여학생 38.4%, 2021년 남학생 61.5%, 여학생 38.5%로 남학생과 여학생 비율의 차는 줄어드는 추세이다.</td></tr>
<tr><td rowspan="4">시각적 제시</td><td></td><td>2019</td><td>2020</td><td>2021</td></tr>
<tr><td>재적학생수</td><td>19,674명</td><td>19,254명</td><td>18,611명</td></tr>
<tr><td>남학생</td><td>62.5%</td><td>61.6%</td><td>61.5%</td></tr>
<tr><td>여학생</td><td>37.5%</td><td>38.4%</td><td>38.5%</td></tr>
</table>

위 예시는 경상국립대학교의 재적학생수와 남학생·여학생 비율에 관한 동일한 정보를 제공하고 있는데, 관련 정보를 서술한 경우보다는 시각적인 도표로 제시한 경우에 내용 파악이 더 쉽고 빠르다.

◆ 도표 작성은 이렇게 하자!

1. 시각적 제시의 효과를 높이기 위해 도표는 적절한 위치에 활용해야 한다.
2. 반드시 도표와 그림에 대한 분석이 뒤따라야 한다.
3. 도표를 작성할 때 여러 가지 정보 중 핵심적인 내용을 선택해야 한다.
4. 정보의 성격에 따라 적절한 시각 자료(표, 차트, 그래프)를 선택한다.
5. 정보를 한눈에 알 수 있게 간단명료하게 작성해야 한다.
6. 많은 양의 정보를 하나의 도표에 담으면 독자에게 혼란스러움을 줄 수 있기 때문에 여러 개의 도표로 나누어 제시하는 것이 효과적이다.
7. 동일한 정보라 하더라도 기준 설정에 따라 시각 자료가 주는 메시지가 달라지기 때문에 주의해야 한다.

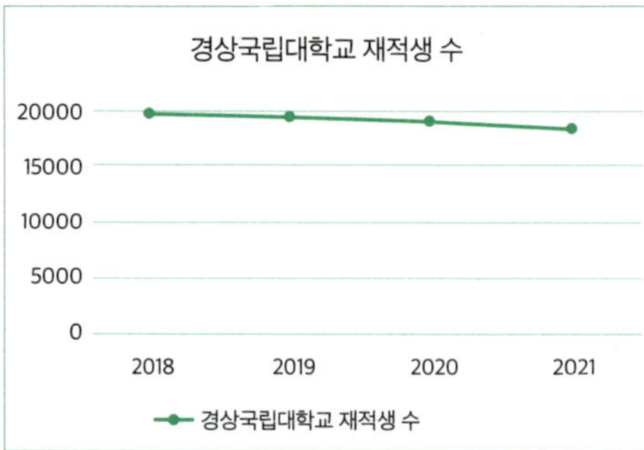

(가)

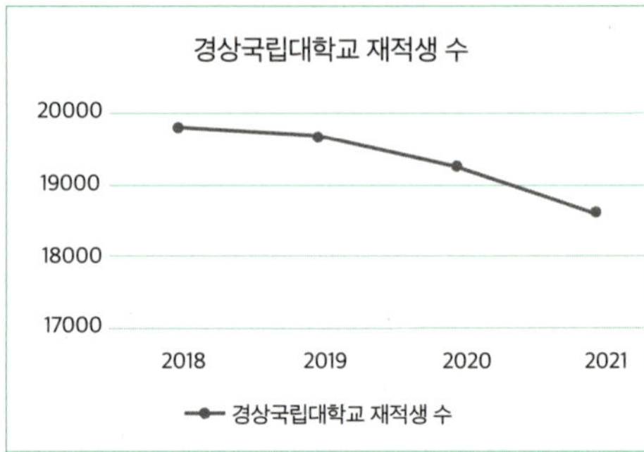

(나)

위의 그래프는 동일한 정보를 담고 있지만 세로축의 수치를 설정하는 방법에 따라 그래프의 기울기가 다소 다르게 보인다. (가)의 경우 재적생 수가 완만한 감소세를 보이는 것처럼 표현되었고, (나)의 경우 급격하게 감소되는 것처럼 보인다. 이처럼 제시할 자료의 기준은 작성자의 의도에 따라 설정할 수 있기 때문에 특히 신중해야 한다.

아래의 예는 표와 그림을 통해 정보를 제공하고 그 내용을 분석한 것이다. 참고해보자.

[표 4] 글쓰기 윤리 위반 평균점수 분포

	표절	위변조	구매양도	중복제출	무임승차	부적합 문헌
M	1.49	1.18	1.08	1.03	1.1	2.12
SD	0.76	0.43	0.3	0.3	0.26	0.96

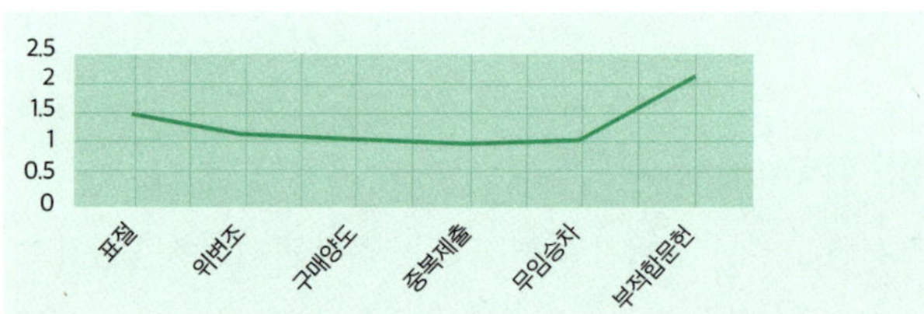

[그림 4] 과제 관련 윤리 위반 전체 평균점수

지금까지 살펴본 과제 윤리 준수 및 부적절한 자료 활용에 관한 각 항목의 평균 점수를 살펴보면, 표절 1.49, 위·변조 1.18, 구매·양도 1.08, 중복 제출 1.03, 무임승차 1.1, 부적절한 문헌 활용 2.12로 나타났다. 과제 윤리와 관련한 위반 항목 가운데 표절이 1.5로 가장 높았고, 개인 블로그, 오픈 사전 활용 등 부적절한 참고 자료 활용에 대한 평균

점수는 2.12로 전 항목 가운데 최상위를 기록했다.

이연정, 「대학 신입생들의 과제 표절 실태 및 글쓰기 윤리 인식에 관한 연구」, 『한성어문학』 45, 한성어문학회, 2021.

◆ 도표 작성 시 이것만은 유의하자!

1. 도표에 순서대로 번호를 매긴다.
2. 적절한 제목을 단다.
3. 본문에서 언급되는 곳에서 가장 가까운 곳에 배치한다.
4. 필요할 경우 시각 자료 중 특정 부분을 강조한다.
5. 도표를 해설하고 분석할 때에는 모든 내용을 설명하지 말고 중요한 것만 설명한다.
6. 분석 결과를 다시 도표로 제시할 수 있을 정도로 세심하게 설명한다.
7. 본문과 도표를 적절한 비율로 배분하고 제시한다.

학습활동

◆ 다음에 제시된 단락의 중심문장을 뒷받침할 수 있는 문장을 채워 넣어 단락을 완성해보자.

학교 내 간접흡연 피해가 심각하다.

간접흡연 문제를 해결하기 위해 학교는 밀폐형 흡연부스를 설치해야 한다.

◆ 다음 도표에 제시된 내용을 바탕으로 그래프를 그리고, 그래프를 설명하는 내용을 써보자.

공시연도	입학금	등록금 평균					
		인문사회계열	자연과학계열	예체능계열	공학계열	의학계열	학교평균
2016	168.0	3,274.5	4,139.7	4,304.0	4,330.0	5,864.0	3,929.4
2017	168.0	3,274.4	4,141.2	4,304.0	4,330.0	6,982.0	3,966.6
2018	0.0	3,274.4	4,143.0	4,304.6	4,330.0	7,617.2	4,005.2
2019	0.0	3,274.4	4,156.2	4,303.2	4,330.0	8,026.8	4,048.6
2020	0.0	3,274.4	4,168.6	4,302.8	4,330.0	8,312.9	4,090.0

출처: 대학알리미

제5장

고쳐쓰기

고쳐쓰기는 초고를 비판적으로 검토하여 문제점을 발견하고 수정 방향을 모색한 다음, 이를 토대로 글을 수정하는 것을 말한다. 즉 초고를 더 좋은 표현과 구성으로 고치는 과정이면서 동시에 자신의 생각을 점검하고 발전시키기 위한 과정이기도 하다. 고쳐쓰기는 한 번으로 끝나는 것이 아니라 여러 번의 반복 과정을 거치는데, 이때 글을 쓴 자신의 입장이 아니라 글을 읽을 독자의 입장에서 평가하고 고치는 것이 중요하다.

◆ 고쳐쓰기, 이것만은 유의하자!

1. 독자의 입장에서 고쳐쓴다.
2. 인쇄하여 고쳐쓴다.
3. 불필요한 부분은 과감하게 삭제한다.
4. 여러 번 고쳐쓴다.

고쳐쓰기를 할 때에는 다음과 같이 단계별로 점검을 하는 것이 좋다.

글 전체 수준에서 고쳐쓰기	- 글에 드러난 주제가 원래 의도와 일치하는가? - 글 전체가 주제를 중심으로 서술되었는가? - 제목, 글감(제재)이 주제와 관련 있는가? - 글의 구성이 적절한가?
단락 수준에서 고쳐쓰기	- 각 단락이 중심문장을 중심으로 구성되었는가? - 각 단락이 단락의 조건(통일성, 완결성, 일관성, 긴밀성)을 충족하는가? - 각 단락이 글 전체와 잘 연결되는가?
문장 수준에서 고쳐쓰기	- 문장이 자연스럽게 연결되어 있는가? - 문장이 어법에 맞도록 표현되었는가? - 문장의 길이가 적절하며, 의미가 분명하게 드러나는가?
단어 수준에서 고쳐쓰기	- 반복되는 단어가 없는가? - 글 전체의 내용과 관련하여 적절한 용어를 선택했는가? - 잘못 사용된 단어는 없는가? - 맞춤법, 띄어쓰기, 문장 부호의 사용이 올바른가?

◆ 이것만은 기억하자!

1. 단문으로 쓴다.
2. 단락은 생각의 덩어리다. 적절하게 단락을 나눈다.
3. 퇴고할 때는 자신이 쓴 글을 꼭 소리 내서 읽는다.
4. '한글 맞춤법 검사기'를 활용한다.
5. 한 문장에 동일한 단어를 2회 이상 사용하지 않는다.

학습활동

◆ 다음에 제시된 글을 읽고, 문제점을 찾은 후 수정 방향을 제시해보자.

안락사란 자연적 죽음 전, 생명을 마감시키는 것을 말한다. 우리나라에서는 비교적 최근부터 알려지기 시작했는데 죽음은 인간의 선택 외의 것이라는 생각에 반기를 들고 나타난 안락사에 오랜 유교의 나라인 우리나라는 부정적인 시선으로 받아들이는 사람들이 많다. 하지만 이제 더 이상 죽음이 인간의 선택으로 받아들일 수 있는 하나의 선택지로서 등장한 만큼, 우리는 안락사에 대해 조금 더 자세히 알고, 우리의 생각을 조금 더 확실히 정립할 필요가 있다고 생각한다.

우선 먼저, 안락사의 역사부터 살펴보자면 우리가 생각한 것보다 훨씬 더 안락사의 범위가 크다는 것을 알 수 있다. 안락사의 역사는 원시민족이 살던 시대까지 거슬러 올라간다. 원시 민족은 한정된 식량에 살아남을 수 있는 적합한 인원을 위해, 그리고 또 식량을 찾아 이동하는 데에 있어서 이동의 자유를 얻기 위해 안락사를 선택해 왔다. 그 다음은 고대 스파르타 시대로, 생활능력이 없는 기형아나 지능이 낮은 아이들을 도태시키기 위해 안락사를 사용했다. 고대 로마 시대에는 기형아를 출생할 경우 즉시 죽일 수 있다는 것을 법률로 허가한 것을 확인함으로써 안락사가 시행되었음을 알아볼 수 있다.

여기서 의문을 가지는 독자도 있을 것이다. 위에 소개한 안락사의 역사 중 대부분은 스스로가 선택하지 않은 죽음이기 때문이다. 하지만 안락사의 사전적 정의 그대로만 생각한다면 선택하지 않은 죽음 또한 안락사의 범위에 들어가게 된다.

그래서 안락사의 경우를 조금 더 살펴보기로 했다. 안락사에는 크게 네 가지의 차이가 있는데 소극적 안락사와 적극적 안락사, 존엄적 안락사와 타의적 안락사로 구별 할 수 있다.

소극적 안락사란 영양공급 등 연명치료를 중단하는 안락사로, 최근 논란이 있었던 생명연장을 위한 치료를 거부하는 서약 또한 안락사의 연장선상에 있는 개념이라고 말 할 수 있다.

적극적 안락사는 임종에 가까운 중환자의 고통을 덜기 위해 약물을 주입해 사망하게 하는 안락사로 우리가 안락사에 대해 생각한다면 떠올리게 되는 대표적인 안락사의 종류 중 하나일 것이다. 안락사가 합법인 나라 중 대표적인 스위스에서 가장 많이 진행되고 있는 안락사 중 하나다.

다음으로는 존엄적 안락사인데, 존엄적 안락사란 인격의 존엄을 지키기 위해 비이성적인 상태가 되었을 때 약물을 주입해 사망하게 하는 안락사다. 여기서 말하는 비이성적인 상태를 설명하는 가장 큰 예시가 바로 뇌사상태에 빠진 환자들을 말 하는 것인데 여기에는 환자 본인의 의지가 반영되지 않을 수 있다는 문제가 최근 지적되고 있다.

마지막으로는 타의적 안락사인데, 이 개념으로 우리는 원시민족부터 시행되어 온 안락사라는 것을 설명할 수 있을 것이다. 타의적 안락사란 스스로 선택하지 못한 죽음으로, 대표적인 이유로는 기아, 질병, 장애 같은 이유로 죽임을 당하는 것을 말한다. 다른 안락사들과는 다르게 최근에는 거의 이뤄지지 않는 안락사다.

2022년 지금 코로나와 함께 살아가고 있다. 코로나와 함께 살아가는 지금 일회용품의 소비가 너무 많아졌다. 원래부터 일회용품 사용에 따른 환경오염이 문제가 되고 있었지만, 코로나로 다들 집 밖에서의 시간보다 집 안에서의 시간이 더 늘어남으로써 배달음식을 많이 시켜 먹고 그로 인해 일회용품 쓰레기가 많이 나오고 있다. 물론 환경오염하면 매연으로 인한 대기오염, 공장에서 나온 폐수로 인한 수질오염 등등 여러 가지가 떠오르지만 지금 가장 문제가 큰 환경오염의 원인을 찾으라고 한다면 일회용품을 선택할 것 같다. 환경부의 전국 폐기물 발생 및 처리 현황(2019)의 자료에 의하면 하루 평균 플라스틱 폐기물 발생량은 2013년 4365t, 2014년 4607t, 2015년 5193t, 2016년 5446t 2017년 5852t, 2018년 6375t으로 점점 늘어나고 5년 동안 46%나 증가한 것을 볼 수 있다. 그러면 일회용품 1인 연간 사용량을 보면 비닐봉지 460개 약 9.2kg, 페트병 96개 약 1.4kg 플라스틱 컵 65개 약 0.9kg로 1인당 연간 일회용품 사용량은 11.5kg나 나가는 것을 볼 수 있다. 이렇게 일회용품을 많이 사용하게 되면 2050년 세계 잔여 탄소배출 허용총량의 15%까지 늘어난다고 한다. 가능하면 재활용을 할 수 있는 용기나 제품을 사용하면서 재활용을 하고 제일 좋은 것은 일회용품 사용을 줄이는 것이다. 일회용품 사용량을 줄이려면 어떻게 해야 할까? 첫 번째 과대포장 제품을 사용하지 않고 과대포장을 하지 않는 것이다. 물건을 구매할 때 과대포장이 되어있는 제품보다는 단순하게 포장이 되어있는 제품을 구매하는 것이 좋다. 생활폐기물 중 완충제 테이프 포장 용기 각종 포장 폐기물이 30% 이상 차지하고 있다. 두 번째는 개인 용기 사용하기이다. 식료품을 구매할 때 일회용 플라스틱 용기 대신에 미리 개인 용기를 준비하여 구매하는 것이 좋은 방법이다. 세 번째는 개인 장바구니 이용하기이다. 주로 마트나 편의점에서 비닐봉지를 사용하는데 이것보다는 판매하는 종이봉투를 사용하는 것도 차선책이 될 수 있다. 하지만 그보다 좋은 방법은 개인 장바구니를 챙겨 사용하는 것이 비닐봉지 같은 일회용품 사용을 줄이는 데 도움이 된다. 앞에서 알아봤듯이 우리는 일회용품을 너무 많이 사용하고 있다. 하지만 거대한 약속과 다짐보다는 조금만 관심을 기울인다면 충분히 인지하고 일회용품 사용을 줄일 수 있는 포인트가 너무 많다고 생각한다. 작년 초여름 6월 5일은 세계 환경의 날이었다. 또한 7월 3일은 비닐봉지 안 쓰는 날 이라고 한다. 이처럼 전 세계 많은 사람들이 일회용품 사용을 줄이기 위해 노력과 다양한 캠페인 등을 하며 노력하고 있다. 이처럼 우리는 앞에서도 말했듯이 거대한 약속과 다짐보다는 다른 사람들이 노력하고 있는 것을 인지하고 관심을 주는 것도 엄청난 시작의 첫 걸음을 딛었다고 생각한다. 모두의 조그마한 노력과 관심이 더해진다면 환경오염을 하는 속도는 현저히 떨어지는 것을 우리가 체감할 수 있을 것이다.

제3부

'나'의 문제해결 글쓰기

제1장

배경 및 방법

인간은 관계와 구조 속에서 성장을 거듭한다. 관계는 나의 선택에 영향을 끼친다. 그리고 선택은 이 순간의 나를 구성하는 중심에 놓인다. 언제 누구를 만나는지, 내가 어떤 환경에 처해 있는지는 인생의 방향을 바꿀 만큼 상당한 힘을 발휘할 수 있다. 이는 곧 나의 선택이 주변의 영향 속에 이루어진 것일 수 있으며, 그 선택이 오롯이 나에 의한 것만은 아닐 수도 있다는 것을 의미한다.

일례로 이 과목의 수강 과정을 살펴보자. 나는 현재 ○○대학교 ○○학과에 소속되어 문제해결 글쓰기 과목을 듣고 있다. 이 과목은 전적으로 나의 의지에 따라 선택한 것일까? 문제해결 글쓰기는 '교양필수'로 지정되어 있다. 나의 선택의 중심에 나는 물론 학교 시스템, 나아가 대한민국 교육 시스템이 관여되어 있다고 할 수 있다. 즉, 나는 나의 의도와 관계없이 이 과목을 수강해야 하는 상황에 노출되어 있는 것이다.

하지만 나에게는 시간과 수강 반이라는 선택지가 있었다. 학내 규정과 시간의 제약 등이 있기는 했지만, 어떤 시간에 어떤 반의 수업을 들을지가 선택 영역 안에 없지는 않았다. 말하자면 나에게는 이 시간 이 강의실에서 이 과목을 듣는 것을 선택하지 않을 수 있는 선택권도 주어져 있었다. 따라서 나는 규정된 범주 내에서 자율권을 부여받아 이 수업을 수강하기로 선택한 것이라고 할 수 있다. 그리하여 나는 현재 이 강의실에서 문제해결 글쓰기 강의를 듣고 있다. 이렇듯 선택을 내린 것은 나이지만 그 속의 주체성을 살펴보면 각각의 선택은 다른 의미와 무게를 가진다. 중요한 것은 강요된 선택이건 주체적으로 한 선택이건 그 선택을 한 사람은 나라는 사실이고, 그에 따라 책임도 내가 지게 된다는 것이다.

나의 문제해결 글쓰기에서는 나를 대상으로 한 탐색 단계를 마주하게 된다. 먼저 나에게서 문제가 되는 사안과 상황 그리고 감정에 관한 질문을 던지는 것에서부터 글쓰기를 시작한다. 이에 기반하여 '문제'와 '해결'을 염두에 두고 다음 단계의 글쓰기를 이어간다. 이후 앞선 작업에 바탕하여 한 편의 에세이를 완성하는 과정을 거치게 된다. 나의 문제해결 글쓰기의 나의 탐색은 나와 나를 둘러싼 주변에 관한 질문에서 시작하여 관련 문제를 탐색하고 그 해결책까지 찾아보는 과정으로 진행된다. 이는 '진짜'를 가리는 눈이 중요해진 속도전 시대에 '사태를 정확히 파악하고 판단하여 행동하는 힘'을 기르는 기반이 되어 줄 것이다.

(1) 배경

나의 문제해결 글쓰기는 나의 재탐색과 재설정이다. 나와 나의 선택을 가운데 두고 나를 새로운 시각으로 살펴보는 것이다. 일례로 대학 진학 과정을 되돌아보자. 우리는 대학에 들어오기 전에 학과를 선택한다. 이 선택에 있어서도 나의 관점이 얼마만큼 주체적으로 개입했는지는 개인마다 다르다. 안정적인 직장을 위해 학과를 선택했을 수도 있고, 관심 분야가 선택의 중심에 있었을 수 있고, 세상의 시선이 그 가운데 있었을 수도 있다. 중요한 것은 결국 최종적으로 그 선택을 내린 사람은 나라는 사실을 인식하는 것이다. 그런 다음 내가 왜 그리고 어떻게 그 선택에 이르렀는지를 질문하여 선택의 순간에서의 나의 지향과 주체성을 살펴보아야 한다. 나를 더 잘 알기 위해 나에게 나의 선택 과정을 의식적으로 인지시키는 과정이 필요하기 때문이다.

나의 문제해결 글쓰기는 나와의 대화를 통해 나를 재발견하고 재구축하는 작업이다. 먼저 다른 사람에게 비치는 내 모습에 집중하면서 정작 나에게서 나를 소외시키고 있지는 않은가 하는 질문으로 나의 문제해결 글쓰기에 접근한다. 이에 기반하여 나와 나의 선택을 중심에 두고, 나에게 질문을 던지고 그 해결 방안을 찾아보는 글쓰기를 진행한다. 나아가 내가 의식적으로 인지하지 못했던 나를 재발견하고 재구축하는 구체적인 작업을 이행한다. 이것은 내가 모르던 새로운 내 모습을 발견하는 일이자 머릿속의 나와 현실 속의 나 사이의 거리를 좁혀 나라는 세계를 새롭게 구축해 가는 여정이 되어 줄 것이다.

(2) 문제발견을 위한 에세이

에세이는 프랑스어 essai에 그 근원을 두고 있다. Essai는 시험, 시도라는 의미로 풀이되며, 서양에서는 리포트로 분류된다. 에세이는 내적 완결을 기하기 위해 끝없이 자신의 한계에 마주하는 것으로, 나와의 마주 봄이라 할 수 있다. 이러한 에세이는 일상의 발상을 중심에 둔 글로 일정한 형식을 갖추고 있다.

나를 중심에 둔 대표적인 글쓰기에는 일기가 있다. 일기는 나를 독자로 하여 나의 속마음을 표현하거나 나의 일상을 기록한다. 내가 독자이기에 형식적 엄격성이 덜하고 발상의 전개는 에세이에 비해 자유롭다. 원하는 주제에 맞춰 일상의 일을 써 내려가며 적는 행위 그 자체에 무게 중심을 두기 때문이다.

나의 문제해결 글쓰기는 나의 탐색을 통해 너와 우리를 다시 탐색해 본 후 나와 사회의 접점을 찾아보고자 하는 글쓰기로 독자를 상정하고 있다. 독자의 상정은 내용, 형식, 문장 등에서 완결성을 갖추기 위한 과정을 거쳐야 한다는 것을 의미한다. 독자를 설정하여 의미 전달을 염두에 둔다는 측면에서 나의 문제해결 글쓰기는 에세이 형식을 따른다. 또한 나의 문제해결 글쓰기의 주요 독자 중 한 사람은 나이기도 하다. 나라는 독자를 설정하여 가감 없는 나의 모습을 비춰낸다는 측면에서 일기식 자유 발상에 기반하여 진행한다. 이를 위해 문제와 나를 가운데 두고 자유로운 발상으로 소재와 이야기를 끌어낸 후, 질문을 통해 자신의 문제를 발견하며 그 문제를 마주해 해결책을 찾아 나가는 과정을 거치게 된다. 일기와 에세이의 차이는 아래와 같다.

	일기	에세이
독자	나	특정 독자 상정
지향	토로, 기록	지식 등의 공유, 공감
형식	자기표현	도식화 및 자기표현
생각	자율	사고, 사색
퇴고	개별적	구성과 구조 중심
구조	자율	구조와 문장의 완결성

나의 문제해결을 위한 글쓰기의 최종 목표는 나를 둘러싼 환경 등에서 문제를 발견하고 설정하여 해결에 이르는 과정을 탐색해보는 것이다. 이를 위해서는 먼저 문제를 읽어내는 과정을 거쳐야 한다. 나의 문제를 발견하기 위해서는 일기 쓰기와 같은 쏟아내듯 쓰기를 선행해야 할 필요가 있는 것이다. 그 첫 단계로 주제 또는 제시 단어 하나에서 시작해 연상되는 모든 것, 예를 들어 사건, 사물, 사람 등을 적어 내려간다. 이에 바탕하여 문장과 문단을 정리하고 퇴고를 거듭하면 나의 문제해결 에세이 쓰기의 완성에 이르게 된다. 아래의 글을 통해 살펴보도록 한다.

남편과 떨어져 원룸 아파트에 혼자 살며 식당에서 종업원으로 일하고 있던 나는 이렇게 모든 것이 뒤죽박죽인 채 나락으로 떨어져 보긴 난생처음이었다. 매일 깊은 우물 바닥에 처박혀 머리 위의 하늘만 바라보고 있는 것 같았다.

하지만 이제는 그 우물 속 신세에서 홀로 황야를 가로지르는 여행가로 변신할 터였다. 안 될 게 뭐가 있겠는가? 나는 이미 많은 것을 경험해본 사람이었다. 다정한 아내에서 불륜녀도 되어봤고 사랑받는 딸로 지내다가 이제는 휴일마저 혼자 지내는 처지가 되었다. 야심만만하게 맡은 일을 척척 해내며 작가를 꿈꾸던 여자가 허드렛일을 전전하더니 마약에도 조금씩 손을 댔고, 이제는 아무 남자나 가리지 않고 잠자리도 함부로 가졌다......

여자 혼자서 수천 킬로미터가 넘는 황무지 길을 걸어서 종단하겠다? 나는 그런 이야기를 한 번도 들어본 적이 없었다. 물론 두렵진 않았다. 그런 시도를 했다고 해서 더이상 잃을 것도 없었으니까.

세릴 스트레이드 지음, 우진하 옮김, 『와일드』, 나무의 철학, 2014, 13쪽.

예문은 벼랑 끝에 선 것 같은 필자가 1,600킬로미터 트래킹에 나서기 전, 자신의 인생을 탐색해가는 과정을 보여준다. 필자는 아내, 딸, 야심가, 지조 있는 인간을 가운데 두고 그녀 자신을 탐색해 나간다. 필자는 정제된 글을 만들기 위해 이상적이고 바람직하거나 비참하고 힘든 식으로 나누어 한쪽만 두드러져 보이게 하지 않는다. 필자는 양극을 오간 자신의 삶을 있는 그대로 뱉어내고 있다. 이러한 자유 발상이 한 편의 글이 되기 위해서는 아내, 딸, 야심가, 지조 있는 인간이라는, 필자가 정한 색인에 맞는 경험과 생각이 이어질 수 있어야 한다. 위 작문을 도식화하면 다음과 같다.

자기 탐색 색인		자기 판단
1	아내	다정한 아내
		불륜녀
2	딸	사랑받는 딸
		휴일에도 혼자 있는 처지
3	야심가	작가를 꿈꾸던 야심가
		허드렛일 전전
4	지조 있는 인간	마약에는 손을 대지 않음, 나름의 지조가 있었음
		마약, 남자를 가리지 않고 잠자리

표에서 알 수 있듯 필자는 자신을 있는 그대로 탐색한다. 필자는 이상적으로 그린 자신의 모습 반대편에 있는, 허드렛일을 전전하고 마약을 하며 불륜까지 저지르는 자신을 그대로 드러내 보인다. 필자는 이러한 자신의 상황을 '나는 이미 많은 것을 경험해본 사람이었다.'라는 시선으로 풀어낸다. 그리하여 자신을 둘러싼 여러 상황을 자유롭게 꺼내 둔 후 거기에서 '더 이상 잃을 것이 없는 인생'이라는 문제를 발견한다. 그러고는 수천 킬로미터에 달하는 황무지 앞에 자신을 세운다. 이렇듯 문제의 발견과 질문에 따른 해결책 제시는 행동의 변화를 가져온다. 행동 변화는 미래의 방향을 바꿀 잠재력을 가

지고 있다. 나의 문제해결 글쓰기에서는 이 잠재력에 주목하고자 한다.

한 편의 글을 완성하는 데 있어 가장 핵심이 되는 것은 전하고자 하는 바를 한 줄의 문장에 담아내는 일이다. 이를 위해 글쓰기를 통해 무엇을 전하려고 하는가를 먼저 곱씹어 보아야 할 필요가 있다. 전달하고자 하는 바를 정한 후 소재 또는 주제와 관련된 기억을 자유롭게 글로 풀어내야 한다. 다음으로 이행해야 할 것은 질문하기다. 질문은 무엇을 전하려고 하는가를 더 명확하게 해줄 수 있기 때문이다. 기존의 작문이 글의 구성과 완성 차원에서 중심 문장을 중심으로 응집성을 높인다면 문제해결 글쓰기에서는 '문제발견'에 더 큰 무게 중심을 두고 접근한다. 그리고 이 '문제발견'은 다음 작업인 '문제해결'의 전조 작업이 된다.

(3) 문제해결을 위한 에세이 구성

나의 문제해결 글쓰기는 나를 둘러싼 일을 중심으로 독자를 설정하여 완성해 나가는 글쓰기다. 일기 쓰기의 자유 발상으로 소재를 나열하는 작업을 선행하였다면 다음으로 전달하고자 하는 바를 중심으로 문장과 문단을 만드는 일을 해야 한다. 문장이나 문단을 다듬고 독자를 설정하여 의미를 전달하는 과정을 통해 글의 기둥을 만드는 것이라고 할 수 있다. 이 과정에서 독자 설정은 물론 문제 구체화, 문제분석, 해결 방안 마련 등의 과정을 거치게 된다. 질문을 던지는 방식은 사람마다 다르다. 논리적으로 따져 물을 수 있는가 하면 선문답을 하듯 단어 하나만 던져두고 생각을 끌어낼 수도 있으며, 그림의 형태로 접근할 수도 있다.

문제를 발견하고 그 문제를 해결하는 과정 중심의 나의 문제해결 에세이 쓰기에 정답은 없다. 그러한 측면에서 나의 문제해결 글쓰기에서는 자신의 방식으로 문제를 제기하고 해결책을 모색해보는 과정 자체가 답일 수 있다. 질문을 찾아내는 과정을 통해 나 자신이 새롭게 만들어진다고 할 수 있기 때문이다. 요컨대 과연 나는 나를 잘 알고 있는가 하는 의문에서부터 나의 문제해결 글쓰기는 시작된다고 할 수 있다. 나아가 이를 독자가 공감하고 동감할 수 있도록 구성하는 과정에서 나의 문제해결을 위한 글쓰기는 형태를 갖추게 된다. 아래 예시를 통해 어떤 문제를 찾아낼 수 있는지 살펴보도록 한다.

17살이 되어 저는 대학에 입학하게 됩니다. 스탠포드 만큼의 등록금을 내야 하는 리드대학에 지원한 데서 문제가 생겼습니다. 제 양부모는 막노동으로 생계를 이어오고 있었습니다. 우리 집 형편으로는 제 학비를 감당할 수 없었습니다. 거기에 더해 대학에서 6개월을 보내고 나니 대학 교육에 대한 회의가 일었습니다. 앞날은 까마득했고 대학은 제 미래에 그다지 도움이 될 것 같지 않았습니다. 등록금이 양부모의 재산을 축내고 있다는 생각이 들었습니다. 자퇴를 하기로 했습니다.

모든 일이 잘 돌아갈 것이라 믿기로 했습니다. 그 당시에는 두렵고 위험한 결정이었으나 지금 되돌아보면 내 인생에서 그간 내린 결정 중 가장 잘한 결정이란 생각에는 변함이 없습니다. 자퇴를 결심하는 순간에도 내가 관심이 없던 필수과목을 안 들어도 된다는 안도감이 들었고 이 안도감을 빌미로 그간 들어보고 싶었던 선택과목을 청강하기로 결심했습니다.

청강하며 지내는 생활은 대학의 낭만과는 거리가 멀었습니다. 기숙사에서 밀려나서 친구들 방 마루에서 하루하루 신세를 지게 되었습니다. 돈이 없어서 5센트 하는 콜라 캔을 모아서 점심값을 마련하곤 하였습니다. 일주일에 한 번씩 일요일 저녁에는 해어 크리쉬나 사원에서 제공하는 저녁으로 영양 보충하기 위해서 7마일을 걸어 다니는 생활을 해야 했습니다. 그때의 먹던 맛있는 저녁은 지금도 기억에 생생합니다. 대학 자퇴 후 호기심과 직관의 선택에 의해서 스스로 익힌 경험들은 내 인생의 후기에 돈으로 살 수 없는 교훈을 제공해주었습니다.

<스티브 잡스 연설문> 중

'문제발견과 해결' 그리고 '에세이'를 염두에 두고 위 예문을 도식화하면 아래와 같다.

	범주	상황 분석
1	문제발견	대학 등록금이 너무 많다.
	문제분석	부모님의 경제적 능력에 부친다.
	해결책	자퇴를 결심한다.
	감정	두렵다.

	범주	상황 분석
2	문제발견	투자 대비, 대학 공부가 도움이 될 것 같지 않다.
	문제분석	현 상황에서는 자퇴가 답이다.
	해결책	자퇴 선택 후 듣고 싶었던 선택과목을 청강한다.
	감정	재미없는 전공 수업을 듣지 않아도 되어서 안도감이 든다.
3	문제발견	청강을 하며 지내는 삶은 예상보다 더 남루했다.
	문제분석	자퇴로 인해 친구 기숙사에서 생활하며 지내는 등 빈곤에 시달렸다.
	해결책	버스비를 아끼고 식비를 아꼈다.
	감정	예상과 다르게 전혀 낭만적이지 않았다.

이 분류를 어떻게 '글쓰기'로 연결해야 하는지를 살펴보자. 에세이는 속성의 연결이다. 스티브 잡스의 에세이에서는 상황과 감정이 맞물려 연결되어 있다. 첫 번째 상황에서는 두렵다는 감정을 보여주는 자퇴 결심 과정이 나타난다. 두 번째 상황에서는 청강과 안도감이 연결되어 있다. 세 번째 상황에서는 빈곤과 낭만적이지 않은 감정이 교차하여 나타난다. 앞선 작문에서 자유 발상 중점적으로 보여준다면 이 작문은 문제와 해결책까지 구체적으로 제시하고 있다. 해결책이라는 살을 붙임으로써 이 글은 스티브 잡스 고유의 에세이로서 그의 인생을 담아내게 된다. 스티브 잡스의 질문 던지기와 해결책 찾기는 개인의 문제해결에 그치지 않고 애플이라는 신 미디어의 시대적 영향력으로 이어졌다. 문제해결 글쓰기의 최종 목적인 가치 창출을 이룬 것이다. 이러한 관점에서 질문하기를 통한 문제해결 글쓰기는 새로운 신화 탄생의 시발점일 수 있다.

나의 문제해결 글쓰기의 기본 틀은 상황과 감정이라는 두 개의 기둥을 축으로 구성할 수 있다. 상황을 중심으로 감정을 나열해 볼 수도 있고, 감정을 중심으로 상황을 나열해 볼 수도 있다. 어떠한 방식을 택하건 나의 문제해결 글쓰기에서 중요한 것은 그 속에서 문제를 발견하고 문제가 되는 응어리진 감정을 해소하기 위한 해결책을 스스로 마련해 가는 것이다. 나의 탐색을 통해 나를 재창출하는 것이다.

학습활동

◆ 여러분의 학교, 가정, 사회 속에서 감정이 불편했던 상황을 떠올려, 아래 표를 완성해보자.

범주	분석 및 해결책
문제발견(상황)	1. 시기 2. 관련 인물 3. 상황
문제설정	
감정	
문제 유형화	1. 개인적 측면 2. 사회적 측면 3. 구조적 측면

당시의 문제해결	1. 개인적 측면 2. 사회적 측면 3. 구조적 측면
문제해결 후 감정	

◆ 위 상황을 구체적으로 기술한 후, 문제를 설정하고 그 탐색 과정을 보여주는 작문을 3문단 이상으로 작성해보자.

제2장

분리하기: 나/너/우리

관계는 대화에서부터 비롯되고, 대화는 화제를 건네는 것에서 시작된다. 이름에서부터 시작해 사는 곳, 직업, 날씨 취미 등을 물으며 우리는 상대를 알아간다. 누군가에게 건네는 질문은 '당신이라는 세계가 궁금합니다.'라고 하는 관심의 표현이다. 질문을 던지는 일은 소통의 시작을 위한 노크다. 알고 싶지 않거나 알아야 할 필요가 없는 사람에게는 궁금증조차 가지지 않기 때문이다.

친구나 가족과의 대화 중에 갑갑함을 느껴본 적이 있을 것이다. A라고 동의한 일인데 돌아서서 다른 말을 하는 친구로 인해 상처받은 기억도 있을 것이다. 나에 대한 소문이 나를 낯설게 만들어 버리는 것을 경험한 적도 있을 것이다. 이렇듯 누군가를 향한 나의 조심스러운 노크가 답을 듣지 못하거나 다른 응답을 받을 때 우리는 당황스러움을 느낀다. 이러한 경험은 끝없이 상대와의 관계와 그 속의 나에 관한 질문을 나에게 던지게 한다. 인간에게는 갈등을 최소화하면서 나의 관점을 세우고 싶은 마음이 있기 때문이다.

이십 대는 인생의 주축이 될 수 있는 만남을 이어가는 시기다. 빠른 판단과 결정을 요구하는 이 시대는 나를 나의 방식으로 구축할 시간을 충분히 주지 않는다. 따라서 우리는 관계 속 나를 살펴보면서 과연 나는 나와 연결되어 있는가 하는 질문을 던져보지 않을 수 없다. 이는 나에게 또는 나의 인생에 질문을 던져 본 적이 있는가, 라는 의문으로 이어질 수 있다. 나는 나에게로 들어가는 문을 노크한 적이 있었던가? 나는 맨눈으로 나를 마주한 적이 있었던가? 내 안의 소리에 귀를 기울인 적이 있었던가? 앞선 질문에 쉬이 고개를 끄덕일 수 없는 것은 곧 내가 나를 나와의 연결에서 제외하고 있음을 보여 주는 것이다. 나를 새롭게 알아가기 위한 과정의 한 방편으로 제2장에서는 나, 너, 우리에서 나를 분리하여 나의 문제를 찾아 나가본다.

(1) 나의 문제발견

선택은 새 세상과 이어진다. 나는 얼마 전 대학에 진학하였고 4년 동안 공부할 전공을 선택하였다. 그에 따라 낯선 사람을 만나고 생소한 환경에서 적응하는 과정을 거치고 있다. 나는 자격증, 아르바이트, 여행지 등에서도 선택지를 마주한다. 이렇듯 나는 끝없는 선택을 통해 나를 둘러싼 환경에 변화를 불러일으킴은 물론 그에 영향을 받으며 살아가고 있다. 실례로 아르바이트 경험이 나의 인생을 바꾸는 결정적인 한 지점이 될 수 있고, 배낭여행이 내가 평생 살아갈 곳을 결정하는 데 지대한 영향을 끼칠 수도 있으며 대회 출전이 인생의 결정적인 한 수가 될 수도 있다.

과학기술의 발달로 변화 속도와 양상을 예측할 수 없게 되면서부터 인류에 대한 세상의 변화 요구는 폭증하고 있다. 상상 속 일이 일상으로 들어오고 있기 때문이다. 이와 같은 무서운 속도의 과학기술의 발전은 빠르게 패러다임을 변화시키고 있다. 패러다임의 변화는 세상을 보는 눈과 그 선택의 지향에서 변화의 필요성을 보여준다.

네트워크 기반의 '연결'을 중심에 두고 개별화된 생애주기에 따라 관계를 이어가도록 하는 것이 이 시대의 새 패러다임이다. 따라서 우리는 적어도 그 패러다임의 적용이 나에게서부터 비롯되어야 한다는 것을 더 분명히 할 필요가 있다. 나를 바로 아는 것, 그것은 맨눈으로 세상을 대면하여 선택의 중심에 나를 두는 것의 구심점이 되기 때문이다. '나의 문제발견'을 염두에 두고 아래의 글을 읽어보도록 한다.

> 여기, 지하 동굴에 죄수들이 갇혀 있다. 죄수들의 등 뒤 위쪽으로는 횃불이 타오르고 있다. 죄수들은 태어나면서부터 벽에 결박당한 상태로, 한쪽만을 볼 수 있다. 죄수들이

볼 수 있는 것은 횃불에 비친 자신의 그림자와 옆에 있는 죄수의 잔상뿐이다.

죄수와 횃불 사이에는 무대 높이의 회랑이 동굴을 가로질러 설치되어 있다. 이 회랑 뒤에서 누군가가 인형극 놀이를 한다고 상상하자. 돌이나 나무로 만든 동물 모형, 사람 모형을 담장 위로 들고 지나가는 것이다. 죄수들의 눈에 들어오는 것은 횃불에 의해 투영되는 모형의 그림자다. 죄수는 고개를 돌릴 수 없으므로 실제 모형을 본 적이 없다.

이제 죄수의 몸을 묶고 있는 사슬을 풀어준다. 모형을 죄수에게 보여준다. 당신이 보아온 동굴 벽의 이미지는 모형 그림자였음을 말해준다. 죄수는 악을 쓴다. 평생 그림자만 보아온 죄수는 그림자가 진짜라고 고집한다.

플라톤, 천병희 역, 『국가』, 도서출판 숲, 2013, 384~390쪽.

세상의 변화가 빠른 만큼 혼돈과 혼란, 갈등도 크다. 시간의 압박, 외부 시선, 제도적 제약, 시대적 가치변화 등이 이유가 되어 선택의 주체가 나인데도 실제로는 내가 소거된 선택을 하는 경우가 적지 않다. 선택을 고민하고 곱씹어 볼 여유를 허락하지 않기 때문이다. 여러분의 전공 선택만 생각해봐도 내 인생의 결정적인 선택의 중심에 내가 있었는지 아닌지를 쉽게 알 수 있을 것이다. 실제로 내가 원하는 다른 것이 있음에도 부모의 경제적 지원, 성공, 안정적인 직장, 빠른 성취 등이 이유가 되어 다른 선택을 하는 경우가 적지 않기 때문이다.

예문에서 보듯 우리가 진짜라고 믿었던 그림자가 사실은 조각상의 그림자에 불과하다는 사실을 알았을 때 우리는 어떤 생각을 하게 될까? 나의 전부라고 생각했던 세상이 무너질 때, 나는 과연 무엇을 구심점 삼아 다시 나를 세워야 할까? 시대적 가치가 급속도로 변화하고 있는 오늘날에는 위 예문과는 비교도 할 수 없이 많은 그림자가 나를 혼란스럽게 할 것이다. 그 경우 무엇을 나의 중심에 두느냐를 결정하는 것은 세상을 보는 나의 눈을 달라지게 한다. 그러므로 나를 나의 중심에 세워가는 작업이 무엇보다 중요하다고 할 것이다.

프랑스의 소설가 로맹가리는 콩크루 문학상 수상 이후 오랜 시간이 지나 에밀 아자르라는 필명으로 다시 데뷔를 한다. 로맹가리라는 소설가로서의 정체성을 벗어나기 위해 도약을 시도한 것이다. 나에게 끝없이 질문을 던지고 나에게서 일어나는 문제를 해결하기 위한 노력이라고 할 수 있다. 로맹가리처럼 극적으로 또 하나의 나로 살아가는 것은 흔한 일이 아니다. 하지만 혼돈의 시대에 끝없이 나에게 질문을 던지고 나에게서 낯섦을 발견해나가는 것은 패러다임의 변화를 예측할 수 없는 오늘날에는 반드시 필요한 작업이다. 이를 위해 나의 문제해결을 위한 글쓰기에서는 나를 하나의 문제로 보고 나에게 맞는 질문을 찾아 나를 둘러싸고 일어난 일들의 의미를 읽어내는 작업을 이어갈 필요가 있다.

(2) 너와 나의 문제발견

우리는 태어나면서부터 가족이라는 굴레에 둘러싸인다. 두 다리로 온전히 서고 걷고 말을 하고 글을 쓸 수 있는 등의 활동을 주체적으로 하는 독립된 존재가 되기까지 가족은 나의 울타리가 되어준다. 가족은 내 정체성 형성의 중심에 있다고 할 수 있다. 울타리의 형태는 어그러져 있기도 하고 화려하기도 하며 누군가는 울타리가 없어 다른 울타리를 찾아야 하는 운명을 타고나기도 한다. 형태가 어떠하든 인간이 사회적 존재로 온전히 서기 위한 기본 조건은 가족이다. 그러하기에 인간은 한 지붕 아래 사는 이들로부터 영향을 받지 않을 수 없다. 말하자면 가족과의 애착 형성과 분리가 독립된 한 개인으로 살아가는 데 주요한 역할을 한다. 아래 예문에서 너와 나의 문제를 발견해 보자.

> 맞다. 나는 엄마가 창피했다. 이후로도 그랬다. 뭘 해 보겠다며 식당에 나가서 설거지를 하다가 손목과 무릎이 상해 며칠을 드러누워 있을 때도 그랬다. 우리에게 말도 안 하고 리어카에 양말을 가득 싣고 나갔다가 며칠 만에 포기하고 다시 드러누웠을 때도 그랬다. 꼭 받아야 되는 돈이라며 남편도 없이 홀로 친지 가족들 사이에서 고립되어가는 모습을 볼 때마다 그랬다. 등록금과 집세를 벌기 위해 아르바이트를 하루에 세 개씩 하고 고시원 옆방 아저씨가 먹고 내어다 둔 짜장면 그릇에다 몰래 밥을 비벼 먹을 때, 우리 아버지는 교수고 어머니는 부잣집 딸인데 어쩌다가 내가 이렇게 되었냐며 어리고 치졸한 마음에 한 평짜리 방안에서 술을 마시고 벽을 걷어찰 때마다, 나는 부모로서 엄마가 여자로서의 엄마가 어른으로서의 엄마가 창피했다.

그래서 또한 동시에, 나는 그녀에 대해 늘 근심하고 연민을 느꼈다. 안타깝고 슬펐다. 나는 지금도 엄마의 전화를 잘 받지 않는다. 챙겨주려는 말들이 귀찮게 생각되기 때문이기도 하지만 무엇보다 그녀와 나 사이에 얽혀있는 감정들이 새삼 밀려오기 때문이다. 그러면 자꾸 내가 엄마를 다그치고 거꾸로 훈계조가 되는데, 이건 서로를 위해 별로 좋은 일이 아니다. 나는 이미 오래전 가족의 신화에 대해 모든 신뢰를 잃었다. 그보다 우리는 서로를 가족이 아닌 하나의 인간으로 대하는 방법을 더디게 배워왔다.

허지웅, 『버티는 삶에 관하여』, 문학동네, 2014, 17쪽.

필자에게는 교수의 직함을 가진 아버지와 리어카를 끌며 억척스럽게 자식들 뒷바라지를 하는 어머니가 있다. 필자는 그런 어머니에게서 창피함을 느낀다. 동시에 어머니를 그렇게 만든 상황에 분노를 느끼기도 한다. 이 에세이에서는 필자를 불편하게 하는 이 감정을 문제로 읽어낼 수 있다. 그렇다면 왜 이런 문제가 발생하였는지를 살펴보아야 한다. 필자는 리어카를 끌고 나가고 돈을 받으러 갔다가 친척들 사이에서 고립되는 어머니의 억척스러움에서 군색함을 본다. 살아내느라 드세진 어머니가 여자로서, 어른으로서의 품위를 잃어가는 것 같아 불편을 느낀다. 그러고는 가족의 신화에 신뢰를 잃었다는 결론을 내린다. 가족에게서 나를, 나에게서 가족을 분리하는 작업을 통해 필자는 비로소 한 독립된 인간으로 거듭났다. 여기에서 끝이 난다면 이 글은 문제만 제시한 것에 그치게 된다. 필자는 한 걸음 더 나아가 '서로를 가족이 아닌 하나의 인간으로 대하는 방법을 더디게 배워왔다.'는 상황 해석을 내놓는다. 위 에세이를 도식화하면 다음과 같다.

	어머니의 상황	감정	나의 상황
1	설거지 중에 다쳐서 몸져 누움	창피함	아르바이트 세 개
2	리어카 끌고 나가 장사 시도		남겨진 자장면 소스 재활용
3	돈 받으러 가서 친척들에게 외면 당함		좁은 방에서 신세 한탄

	어머니의 상황	감정	나의 상황
1	나를 챙겨주려 함	연민	전화를 잘 받지 않음
2			엄마에 대한 훈계
3			다그침

나와 너의 문제발견은 나와 너 사이에 놓인 불편한 감정을 문제로 두고 그 문제를 일으키는 상황을 꼼꼼하게 들여다보는 데서부터 시작된다. 이를 위해 부모를 '나의 엄마'가 아닌 한 사람의 독립된 인격체로 볼 필요가 있다. 나 또한 부모에 종속된 존재가 아닌 부모와의 거리감을 확보할 수 있는 존재로 떼어두는 연습이 필요하다. 이것은 부모에게만 그치는 것이 아니라 친구, 연인, 교사 등과의 관계에도 적용될 수 있다. 힘이나 관계에 따라 누군가에게 종속된 존재가 되면 나의 감정을 들여다볼 수 없다. 이는 내 속에 있는 문제를 발견할 수 없다는 것을 의미한다. 즉, 너와 나의 문제발견은 상대와의 거리를 확보하고 내 감정을 있는 그대로 읽어내는 데서부터 시작된다고 할 수 있다.

(3) 우리 속 나의 문제발견

문화는 또 하나의 정체성이다. 이는 내가 속한 단체가 나의 정체성에 영향을 끼칠 수 있다는 것을 의미한다. 공간은 개인의 방에서부터 집, 학교, 지역 사회, 나라에 이르기까지 다양하게 나타날 수 있다. 이 순간의 나는 현재 동양 문화권 내 한국이라는 문화 속에서 다른 사람들과 관계를 맺으며 나의 정체성을 만들어가고 있다. 이 말은 곧 우리가 한국이라는 특수한 문화의 영향을 벗어날 수 없다는 것을 의미한다.

어떤 친구들을 만나느냐, 어떤 집단에 속해 있느냐는 인생에 지대한 영향을 끼친다. 때로는 나를 둘러싼 문화가 인생의 방향을 틀어버리는 힘을 발휘하기 때문이다. 이에 우리는 집단 정체성이 때로는 개인의 정체성을 압도해 버리기도 하는 상황 속에서 나를 둘러싼 문화가 나와 부딪히는 지점을 찾아 질문을 던져 볼 필요가 있다. 그 과정을 통해 나의 관점을 명확히 할 수 있기 때문이다. 나의 문제해결 글쓰기에서는 우리 속 나의 문제를 찾아내 그 해결책을 찾아보는 과정을 거치게 된다. 이를 통해 우리는 모두에게 옳은 것이 나에게도 반드시 정답이 되는 것은 아니라는 것을 알아가게 된다. 이 작업은 나를 학교, 동호회, 직장 등의 집단 문화에 함몰시키지 않을 눈을 마련해 줄 수 있다. 아래 예문을 살펴본다.

> 교과서 및 자습서, 『성문종합영어』, 『수학의 정석』 등 입시를 위해 봐야 할 필수 텍스트도 거의 표준화돼 있던 시절. 강북에서 혼자 알아서 공부한 나는 '그럼에도 불구하고' 학력고사를 잘 친 것이 아니라 '그래서' 잘 친 거다. 난 철저히 서민 가정 장남으로서 자력으로 먹고살기 위한 수단으로 공부를 한 것이므로 남들이 뭔 요란한 걸 공부하든 신경 쓰지 않고 오로지 입시 출제 경향 및 예상 난이도에 맞는 공부만 선택적으로 했다. 평준화와 과외 금지, 대학 입학정원 확대 등 당시 교육정책 기조나 수년간의 출제 경향으로 볼 때, 갑자기 엄청나게 수준 높고 어려운 문제들이 나올 리가 없다고 했다.
>
> 그때도 강남 8학군 학부모들은 그놈의 '막연한 공포' 때문에 무슨 일본 수학문제집을 구해 풀어본다는 둥 일본 도쿄대 입시문제를 구해 풀어본다는 둥 요란을 떤다는 소문이 무성했지만 정작 학력고사 출제자들은 일본 문제집 구해서 참고할 정도의 정성이 없었으므로 강남 엄마들의 설레발은 애들 시간만 뺏는 헛짓이었다. 수험생의 시간은 한정된 자원이다. 난 그럴 시간에 국사 교과서에 실린 자료사진 아래의 깨알 같은 글씨를 외우는 편이 낫다고 생각했다. 입장을 바꿔 교과서 중심이라는 제약하에서 변별력 있게 출제해야 하는 출제위원의 입장에서 생각해보면, 학생들이 유심히 보지 않는 교과서 구석의 시시콜콜한 곳에서 문제를 낼 수밖에 없기 때문이다.
>
> 문유석, 『개인주의자 선언』, 문학동네, 2015, 75~76쪽.

대한민국에서 '입시'는 빼놓을 수 없는 화두다. 강남8학군, 돼지맘, 헬리콥터맘, 대치동 등 끝없는 신조어를 만들어 낼 만큼 한국의 입시 문화는 대입 제도에 따라 끊임없이 변해왔다. 그 중 변하지 않는 것이 있다면 사교육 시장이다. 사교육 시장 내부에서는 엄청난 변화가 일고 있으나 사교육 시장이 한국 교육의 중심에 있다는 것은 부정할 수 없는 사실이다. 위 예문은 강남 엄마들의 설레발로 대변되는 사교육 시장의 모습을 보여주면서 그에 대한 문제를 '애들 시간만 뺏는 헛짓'이라고 비판한 후 교재를 외우는 편이 낫다는 문제해결책을 제시한다. 이 예문은 상황에서 문제를 발견하고 그에 대한 필자의 의견을 보여주며 자신의 문제를 어떻게 해결했는지를 제시하고 있다. 한국 사교육 시장 문화에 매몰되지 않고 자신만의 시선으로 사교육 시장을 분석하여 문제라고 생각하는 부분의 돌파구를 마련한 것이다. 이를 도식화하면 다음과 같다.

문제해결 과정		
1	문제발견	입시에 대한 막연한 공포 1) 일본 수학문제집 구해 보기 열풍 2) 도쿄대 시험지 구해 보기 열풍
2	문제설정	제도 변화에 따른 : 평준화와 과외 금지, 대학 입학정원 확대 1) 개인적 측면: 갑자기 수준 높고 어려운 문제들이 나올 리 없음 2) 현실적 측면: 출제자는 일본 문제집을 참고할 정도의 정성이 없음 3) 사회적 측면: 변별력을 높이는 문제는 지엽적인 곳에서 나올 것
3	문제해결	입시 출제 경향 및 예상 난이도에 맞는 선택적 공부 1) 교과서 중심으로 공부 2) 자력갱생 3) 남들이 뭔 요란한 걸 공부하든 신경 쓰지 않고 공부

필자는 첫 문단에서 그의 입시 성공의 요인을 '철저히 서민 가정 장남으로서 자력으로 먹고살기 위한 수단으로 공부를 한 것'이라고 서술하고 있다. 이것은 입시라는 문제를 보는 나의 관점과 나의 성공 요인의 연결고리가 되어 에세이 구성의 한 축으로 자리한다. 나의 관점에서 우리의 문제를 발견하고 그것을 나의 방식으로 접근한다는 점에서 '너와 나의 문제해결'과는 접근 방식에서 차이를 보인다.

학습활동

◆ '제1장 배경 및 방법' 학습활동에서 기술한 문제 속 상대방의 입장이 되어 친구, 가족 등의 주변인과의 갈등의 순간을 다시 작성해보자.

<table>
<tr><td>당시 상대의
행동 및 감정 표현</td><td colspan="2"></td></tr>
<tr><td>상대의 행동에 따른
나의 감정 및 행동</td><td colspan="2"></td></tr>
<tr><td rowspan="3">상대 입장에서의
문제분석 및 정리</td><td></td><td></td></tr>
<tr><td></td><td></td></tr>
<tr><td></td><td></td></tr>
</table>

◆ 당시의 주변 환경 및 사회 현상을 고려하여 위 문제를 상대의 입장에서 세 문단으로 기술해보자.

제3장

연결하기: 나-너-우리

부모, 형제, 친구, 동료, 지인 등의 관계 속에서 인간은 물질적, 정서적 영향을 주고받으며 성장을 거듭한다. 패러다임의 변화는 입학, 진학, 취직, 결혼, 취업, 은퇴 등의 틀에 박힌 생애발달 주기를 허물고 있다. 고교 학점제, 학/석사통합제, 평생교육제 등의 오늘날 교육환경 변화는 개별 생애발달 주기의 설정의 필요성을 보여준다. 어느 때보다 나를 가운데 둔 나만의 시간과 공간의 설정이 중요해지고 있다고 할 수 있다.

취업, 자기 계발, 진학 등은 이십 대의 주요 고민거리다. 스터디 조직, 프로젝트팀 구성, 취업 동아리 가입, 대학원 입학 모임, 유학 준비 모임 등을 통해 우리는 정보를 나눈다. 공부하는 영상이 실시간으로 공유되는가 하면 누군가의 후기가 나의 선택의 기준이 되어 있기도 하다. 나의 문제가 곧 너의 문제가 되고 너와 나의 문제가 사회 문제로 이어지는 연결고리가 그만큼 더 견고해져 가고 있음을 보여주는 것이라 할 수 있다. 나의 개성이 너의 개성과 닿아 우리라는 세상이 구축되고 있는 것이다.

연결은 다른 사람을 전제로 한다. 이는 곧 성적, 인간관계, 취업, 연애, 진학 등의 나를 둘러싼 문제해결이 나의 것이자 너의 것이며 나아가 우리의 것이 될 수 있음을 의미한다. 앞서 이행한, 나를 나, 너, 우리에서 분리하여 나의 문제를 발견하고 해결책에 접근해 보는 글쓰기 작업에 이어, 제3장에서는 연결을 염두에 두고 나, 너, 그리고 우리의 문제를 읽고 그 해결책을 살펴보는 작업을 이어 나가 본다.

(1) 나의 재발견

바야흐로 우리는 사물인터넷, 빅데이터, 인공지능(Artificial Intelligence), 메타버스 등으로 대변되는 '초연결성(Hyper-Connected)'과 '초지능화(Hyper-Intelligent)'의 4차 산업혁명 시대를 살아가고 있다. 새로운 문물은 기존에 구축되어 있던 구조에 종식을 고하며 새로운 패러다임을 불러온다. 이것은 세상을 보는 나의 시선 변화와 이어지며 이는 '낯섦'을 동반한다. '낯섦'을 느끼는 것은 세계의 변화에서 비롯된 것일 수도 있고, 주변인들의 변화 때문일 수도 있으며, 내 가치관의 변화에서 오는 것일 수도 있다. 대학 진학이나 취업, 새로운 환경 속 관계 맺음에서 오는 어색함과 갈등, 그로 인한 앞으로의 인생 여정에서 고민의 흔적을 찾아볼 수 있다. '나의 재발견'과 '연결'을 염두에 두고 청각이 멀 것이라는 의사의 진단을 받은 후에 쓴 베토벤의 유서를 살펴본다.

> 지금까지 6년 동안 내가 어쩔 수 없는 병에 시달려 왔음을 생각해다오. 그 병은 무책임한 의사들에 의해 악화되었고 난 회복될 희망에 내내 세월을 허비하다가 결국엔 오래도록 앓아야만 할 거라는 사실에 직면해 있다. 이 병은 완치가 되려면 아주 오래 걸릴 것이고 어쩌면 완치가 불가능할지도 모른다. 비록 불같고 적극적이고 사회의 여러 가지 영향을 잘 받는 성격까지 타고 태어났지만 난 곧 사회에서 스스로 고립해서 혼자 살아갈 수밖에 없게 되었다. 때때로 이 모든 것을 잊으려고 노력할 때마다 내 귀가 나쁘다는 것을 다시금 절실히 경험하곤 쓰라린 마음으로 물러서버리고 만다.
>
> 하지만 난 사람들에게 "더 크게 말해요, 소리 질러요. 난 귀가 먹었어요."라고 말할 수가 없다. 아, 다른 사람들보다 훨씬 완벽해야 할 그런 감각이 병약하다는 사실을 내 어떻게 인정할 수 있겠는가. 나의 청각은 한때는 극도로 완벽해서 나의 직업을 가진 사람들 중에서도 극소수의 사람들만이 누릴 수 있는 그런 것이었다. 비록 때때로 난 교제를 나누고 싶은 욕구에 굴복해서 내 마음에 반(反)하는 행동을 하곤 했지만....
>
> 그러나 내 곁에 서 있는 사람이 멀리서 들려 오는 플루트 소리를 듣고 나는 아무 소리도 듣지 못하거나, 아니면 누군가가 목동이 노래 부르는 소리를 들었는데도 나는 역시 아무 소리도 듣지 못할 때의 그 굴욕감이란! 그런 일들은 나를 거의 절망으로 빠뜨려

버린다. 그런 일들이 조금만 더 일어났으면 난 자살해 버리고 말았을 것이다. 나를 지켜 준 것은 오직 나의 예술이었다. 아, 난 내 안에 느끼는 것을 모두 꺼내놓을 때까지는 세상을 떠날 수 없을 것 같다.

<베토벤의 유서> 중

베토벤은 어느 날 청력을 잃게 될 것이라는 통보를 받는다. 이것은 작곡가에게는 사형선고와 다름없다. 여러분이 이런 상황을 대면한다면 여러분은 어떤 선택을 하겠는가? 베토벤은 죽기 위해 유서를 쓴다. 그러다가 인생을 되돌아보며 죽으려고 한 자신의 선택에 불현듯 낯섦을 느낀다. 그러고는 그동안 음악에서 느낀 희열과 감사를 재발견한다. 음악에 대한 열의와 열정을 새롭게 대면하게 된 것이다. 그리하여 베토벤은 청력 상실이라는 시련을 넘어서 보기로 한다. 베토벤은 죽음을 마주하며 삶으로 돌아선다. 원망, 토로, 한탄 등 유서에는 베토벤이 자신에게 남기는 말이 담겨 있다. 베토벤은 유서라는 편지로 자신과의 대화를 나누었다. 이 문제해결 과정을 도식화하면 다음과 같다.

문제해결 과정		
1	문제발견	청력 상실이 진행되고 있다는 진단 1) 6년 동안 차도가 없었음 2) 청력 상실로 인한 상실함
2	문제설정	청력 상실 수용 불가 1) 개인적 측면: 청력 상실을 받아들일 수 없음 2) 현실적 측면: 청력 상실에 따른 굴욕감을 느끼고 싶지 않음 3) 사회적 측면: 작곡가로서의 사회적 고립의 단정
3	문제해결	자신의 재발견 1) 선천적으로 부여받은 특별한 청력을 누리고 있었음 2) 굴욕감이 극에 달하기 전에 음악에 대한 열정을 되찾음 3) 음악적 열정을 다 꺼내놓을 때까지는 작곡 활동 지속

에세이는 나와 비슷한 고민을 하는 타인을 대상으로 하는 글로 하는 말하기다. 소리로 뱉어내지 못하고 속에 담아 둔, 나도 찾아내지 못한 내 이야기가 손을 통해 나오는

것이 에세이다. 나는 쓴다, 쓰면서 읽는다. 이 작업 속에는 뒤돌아보아 살핀다는 의미의 '반성'이 있다. 바쁘게 사느라 돌아보지 못했던 나와의 만남이 있다. '나는 밝은 사람이야, 나는 어두운 사람이야, 나는 내성적이야, 나는 외향적이야.' 하는 규정을 넘어 상황 속의 나를 맨눈으로 마주할 수 있기 때문이다. 베토벤이 죽음을 말하며 삶에 의지를 다시 불러온 것처럼 새로운 나의 인식이 나를 재구성하게 되는 것이다. 말하자면 '나는 때로는 밝지만 때로는 어둡다.'라고 하는 지점을 찾아 나가는 것이다.

나의 문제해결 글쓰기를 통해 낯선 나에게 대화를 건네본다. 왜 그 모습이 낯설게 느껴졌는지, 그 속에서 발견한 나의 문제는 무엇인지 지금의 나는 내게 어떤 해결책을 제시하는지를 들여다보며 앞날의 나를 그려본다. 베토벤이 그러했듯 나만은 나를 포기할 수 없으므로 나를 붙들고 있기 위한 구심점에 '문제'와 '해결'이라는 글쓰기 과정을 두는 것이라 할 수 있다.

(2) 나와 너의 재인식

나에 관한 문제는 구체적인 사안으로서의 문제일 수 있는 한편 나의 구축을 중심에 두고 나를 알기 위해 던지는 질문이기도 하다. 나에게는 사회적 동물로서의 주체성과 자율성이 있다. 내 선택에 있어서만큼 나는 나의 중심에 있어야 한다. 하지만 과연 그러한가? 우리는 수많은 선택 지점에서 다른 사람의 눈을 의식한다. 조언을 구하는 것이 아니라 다른 사람을 내 선택의 중심에 두는 것이다. 상대를 실망시킬까봐, 내가 불편할까봐, 나의 선택이 관계를 무너뜨릴까봐 같은 걱정이 그 가운데 놓여 있기 때문이다. 이러한 마음속에는 호감을 이유로 상대가 나의 기호에 맞게 행동했으면 하는 기대가 있다. 친한 사이일수록 기대는 커지기 마련이다. 따라서 너와의 관계 속 나에 대한 질문을 통해 나를 나로 두고, 너를 있는 그대로의 너로 보는 연습이 필요하다. 아래 예문을 살펴보자.

> 그렇다고 그녀와 세 번째 만났을 때 어색하지 않았단 얘긴 아니다. 도무지 '소심하다' 따위의 공통점 갖고 친해질 리 없는 인간사였다. 그런데 왜 자꾸 만났냐고 묻는다면 할

말이 없지만, 세상엔 왜 자꾸 만나는지 모르면서 계속 만나는 사람들이 의외로 많다. 친하지 않았기에 누구도 먼저 일어나잔 말을 못 해, 막역한 이들보다 더 오래 이야기한 적도 있고, 가깝지 않았기에 서로 계산하겠다고 몸싸움을 할 때도 많았다. 이런 선물경쟁 역시 원시 부족의 특징일 터. 우리는 관계의 벽에 구멍을 뚫는 방법으로 가장 미련하고 고전적인 방식을 택한 건지도 몰랐다......

우리는 점점 가짜 공통점을 만들어내기보다 자기 이야기를 하게 되었다. 서둘러 가까워지려 고해하는 말이 아니라 지나가듯 편안하게 섞는 얘기들이었다. 그녀가 6년 차 직장인이라는 것, 대학원에서 만난 선배와 스터디를 했고, 많은 스터디가 그렇듯 공부는 안 하고 술만 마시다 부부의 연이 닿게 되었다는 것......

김애란, 『잊기 좋은 이름』, 열림원, 2019, 155쪽.

예문 속 필자는 작위적인 가짜 공통점을 찾는 긴 낯가림의 시간을 거쳐 친구에게 진짜 '자기 이야기'를 할 수 있게 된다. 이 예문에서 필자가 느낀 문제는 어색함과 불편함이었다. 자주 만나기는 했지만 편하지 않은 관계를 인지하고 있었고, 이것을 문제로 느꼈다. 이를 해결하기 위해 처음에는 선물하기 등과 같은 방법을 사용하였다. 현상을 해결하는 익숙한 방식을 택한 것이다. 하지만 필자는 문제설정을 통해 문제의 본질을 깨닫고 올바른 문제해결 방법을 찾게 된다. 그리하여 '지나가듯 편안하게 섞는 얘기'를 통해 나는 나로, 너는 너로 둔 상태에서 관계를 이어갈 수 있게 되었다. 이를 도식화하면 아래와 같다.

문제해결 과정		
1	문제발견	낯섦과 불편 1) 먼저 일어나자는 말을 못 해서 긴 시간 같이 있음 2) 서로 계산하겠다고 함 3) 선물경쟁
2	문제설정	낯섦과 불편에도 불구하고 계속 만남을 이어옴 1) 가짜 공통점을 만들어냄 2) 서둘러 가까워지려는 고해의 말

3	문제해결	자신의 재발견 1) 모든 행동이 관계의 벽을 뚫기 위한 고전적인 시도였음 2) 자기 이야기를 함 3) 편안하게 지나가는 말을 하게 됨

필자가 인식한 문제는 불편함이었다. 필자는 이 불편함이 작위적인 노력을 하게 만들었다고 보았다. 불편함은 시간과 진솔한 자기 이야기를 통해 해결되었다. 그리하여 처음 필자가 친구에게서 느낀 낯섦은 사라지게 되었고 두 사람은 편안한 이야기를 나눌 수 있는 관계가 되었다.

상대의 눈에 나를 맞추는 작업은 누군가를 알아가는 초기에는 필요한 여정이다. 우리는 각자 고유한 개성이 있고 그로 인해 충돌할 수밖에 없기 때문이다. 그 충돌을 최소화하기 위해 예의나 배려라는 이름으로 우리는 상대방에게 민낯을 잘 내보이지 않는다. 하지만 조심스러움이 지나치면 관계는 종속되어 버리고 만다. 특히 위계가 설정된 관계에서는 더더욱 그러하다. 그렇기에 나는 나라는 바탕 위에서 관계를 구축하려는 노력을 끝없이 해야 한다. 그를 위해 내가 불편을 느끼는 지점, 그곳에서 문제를 발견하고 그 문제를 해결하고자 하는 시도가 필요한 것이다.

(3) 나와 우리의 재구성

과학기술의 발달은 국가 간 인적·물적 교류를 활발하게 하였다. 한국에 사는 미국인과 미국에 사는 일본인과 중국에 사는 말레이시아인이 흔해진 시대다. 이는 곧 기존의 국경 중심의 문화에 대한 새로운 접근이 필요하다는 것을 의미한다. 여러 문화가 공존하는 다문화를 넘어 서로 영향을 더 활발하게 주고받는 상호문화 시대가 도래해 있기 때문이다. 앞서 한국이라는 문화 속에서 나의 문제를 발견하고 그 문제에 의문을 제기하고 해결책을 제시하여 보았다면 여기에서는 한국 내 이방인을 주제어로 나와 우리를 재구성해보도록 한다.

한국 내 외국인이 220만 명을 훌쩍 넘어서고 있다. 학업, 직업, 결혼 등의 이유로 한국에 뿌리를 내린 외국인이 전례 없이 많아졌다. 그런데도 그들은 우리에게 이방인이다.

피부색이 다르고 말투가 다르기 때문이다. 국경을 넘어왔으나 그들에게는 보이지 않는 국경의 장벽이 둘러쳐져 있다. 우리는 내국인과는 다른 시선으로 그들을 쳐다본다. 하지만 피부색과 말이 다를 뿐 그들은 우리와 동시대를 살아가는 우리와 연결된 존재다. 국내 외국인과 내국인 사이에 놓인 벽을 허무는 것, 그것은 너와 나, 우리 사이에 놓인 보이지 않는 벽을 허무는 것과도 연결되어 있다. 말과 글이 통하는데도 세대 차이 등으로 우리는 소통에 이르지 못하는 경우가 적지 않기 때문이다. 다름을 인정하고 상대의 방식을 그대로 받아들이는 것, 거기에서부터 우리의 연결은 시작된다. 아래 예문을 살펴보자.

> 잊어서도 안 되고 감춰서도 안 되고 가볍게 여겨서도 안 된다. 인종주의는 실재하는 사실이야. 역사상 한 번 스쳐 지나가는 사건이나 얼룩이 아니란다. 인종주의는 사람이 사는 곳마다, 사람의 감정이 서로 부딪히고 싸움이 일어나는 곳마다 번창한단다.
>
> 우월감이 문제야. 우월감은 자신에게 아무런 위해를 가하지 않는 사람임에도 불구하고 그들을 깔보게 만드는 위력의 감정이거든. 우월감은 사람의 차이를 불평등의 표시로 판정하는 권한을 갖게 하고 부유하다는 이유로 무소불위의 힘을 가졌다고 느끼게 한단다.......
>
> 인종주의는 인간이 어디에 있든 그 이마에 새긴 표적처럼 언제나 붙어 다닌단다. 이 인간은 아무도 없는 섬에서조차 혐오하고 경멸하고 모욕할 사람을 기어코 찾아내고 말 거야. 자신이 존재하기 위해 살아 있다고 느끼기 위해 혐오하는 것이지. 사랑할 수도 있으련만, 사랑은 쉬운 일이 아니야. 사랑받을 만해야 해. 사랑을 유혹해야 하고, 미소 뒤에 숨은 어둠과 그늘로부터 사랑을 찾아야 해.
>
> 타하르 벤 젤룬, 홍세화 옮김, 『딸에게 들려주는 인종차별 이야기』, 롤러코스터, 2021, 11~12쪽.

위 예문은 아버지가 딸에게 들려주는 편지 형식의 글이다. 이 예문에서 아버지는 딸에게 인종차별을 말하며 다름이 틀림이 아님을 알려주고 있다. 필자는 인종주의를 문제로 인식하고 그 원인으로 우월감을 든다. 자신을 둘러싼 세계에 대한 문제를 개인적 감정인 우월감과 연결해 사회에서 일어나는 일을 나와 무관하지 않은 것으로 읽어내는 시선을 볼 수 있다. 이러한 문제 인식에 바탕하여 필자는 우월감과 혐오, 경멸에서부터 시작되는 인종주의에 대한 해결책으로 차별 없는 '사랑'을 내놓는다. 이를 도식화하면 다음과 같다.

문제해결 과정		
1	문제발견	인종차별 1) 실재하는 사실 2) 인간사에서는 인종차별이 있어 옴 3) 감정이 부딪히고 싸움이 일어나는 곳에도 있음
2	문제설정	우월감이 문제 1) 타인을 깔보게 만드는 감정에서 인종차별이 발생 2) 사람의 차이를 불평등의 표시로 판정하게 함 3) 부유하다는 이유로 무소불위의 힘을 가졌다고 느끼게 함
3	문제해결	사랑으로 품어야 함 1) 사랑도 노력을 해야 함 2) 사랑을 끌어와야 함 3) 미소 뒤에 숨은 어둠과 그늘로부터 사랑을 찾아야 함

문제가 되는 상황이 제시되고 그에 따른 분석이 이루어진 후 '사랑'이라는 해결책이 나온다. 아버지는 '인종주의는 사람이 사는 곳마다, 사람의 감정이 서로 부딪히고 싸움이 일어나는 곳마다 번창한다.'라는 말로 인종 문제가 나와 무관하지 않음을 말해준다. 이러한 문제 인식은 나를 중심에 두고 우리를 새롭게 보게 한다. 이는 사회 문제를 보는 나의 시선을 재구성하게 한다.

*

사람에게는 저마다의 속도와 방식이 따로 있다. 그러하기에 우리는 나보다 먼저 취업을 하고 나보다 높은 학점을 받고 나보다 더 좋은 기회를 많이 가지는 것 같은 친구를 내 인생의 기준으로 삼아야 할 이유가 없다. 나는 나의 시간을 살아가는 세상의 단 하나뿐인 귀한 존재이기 때문이다. 세계의 기대가 나의 기대와 완벽히 상응하는 일은 드물다. 그렇다고 하여 세상의 방식과 반대되는 길만을 갈 수는 없다. 나는 우리 속에서 함께 호흡하며 앞으로 나아가는 존재이기 때문이다. 세계의 시선과 나의 눈이 어긋날 때

어디로 방향을 잡아 어떤 길을 가야 할지 선택하고 재구성하는 문제해결 글쓰기 과정 속에서 나는 물론 내가 보는 우리 또한 새롭게 재구축될 것이다.

학습활동

◆ 갈등과 관련하여 앞서 기술한 문제를 사회 현상과 관련하여 생각해보고, 아래 표에 맞추어 사회 현상까지 포함하여 해당 문제를 분석해보자.

상황
1. 문제발견   2. 문제설정   3. 갈등 해결 또는 미결

나의 생각	충돌 가치 또는 감정과 이유	상대방의 생각
	1.	

2.

3.

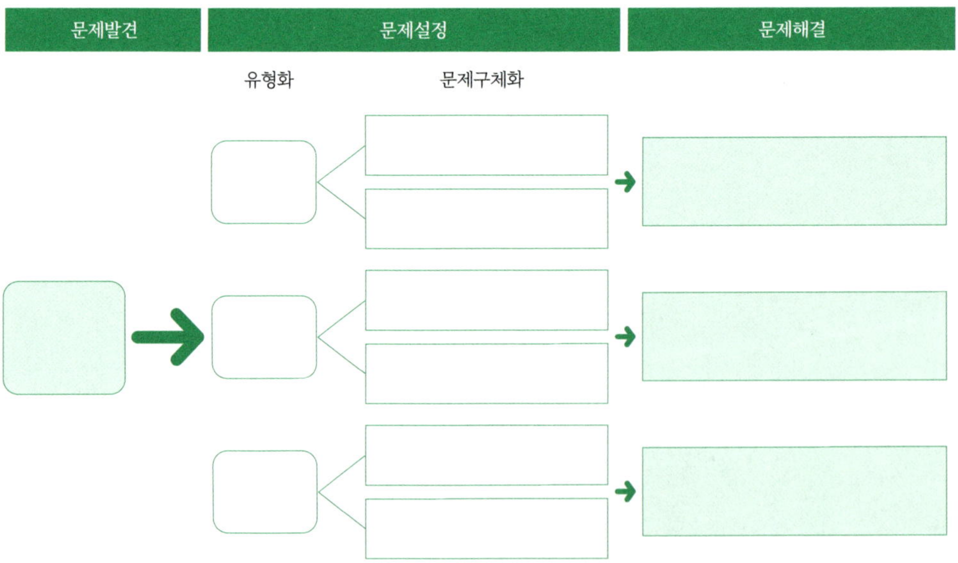

◆ 위에서 기술한 상황을 사회 문제 및 현상과 어떻게 연결하여 살펴본 후, 현재의 나는 당시의 나에게 어떤 조언을 할 수 있을지, 그 문제를 해결하기 위해 사회적, 개인적 차원에서 어떤 변화가 필요한지 기술해보자.

제4부

'사회' 문제해결 글쓰기

제1장

배경 및 방법

(1) 배경

글쓰기는 글을 통해 나를 표현하는 행위이다. 글쓰기는 '나'로부터 시작되며, '나'의 목소리로 '나'의 이야기를 꺼내 놓는다. 이러한 과정에서 자신이 어떤 사람인지를 찾아가고, 그 과정의 끝에서 보다 성장한 자신을 만나게 된다. 하지만 글쓰기의 쓸모는 여기서 그치지 않는다. 글쓰기를 통해 우리는 자신의 생각, 감정, 경험 등을 글로 표현함으로써 그것들을 타인과 공유한다. 따라서 글쓰기는 나와 세계를 이어주는 통로라 할 수 있다. '나'와 나를 둘러싼 크고 작은 '세계'에 대해 사고하고, 내가 속한 공동체에서 일어나고 있는 현안에 대해 문제의식을 가지고 타인과 그것을 공유하고 소통하며 더 나은 공동체를 만들기 위해 힘쓰는 과정이 '사회' 문제해결 글쓰기이다.

사회 문제는 자연적으로 발생하는 현상이 아니라 사회의 구조적 모순으로 인해 발생하는 현상이다. 수많은 사람들이 살아가는 공동체 속에서 '문제'의 발생은 필연적이다. 그러한 문제들은 개인에게만 해당되는 것이 아니라 사회 구성원 대다수와 관련된 것이지만 결코 개인과 분리될 수 없는 것이기도 하다. 예를 들어 부의 양극화 현상은 우리 사회의 수많은 문제 중 하나이다. 이는 우리나라뿐만 아니라 전 세계에 걸친 문제이기도 하다. 전체 미국인 중 상위 1%가 소유한 부의 비율이 1989년 23.6%에서 2021년 중

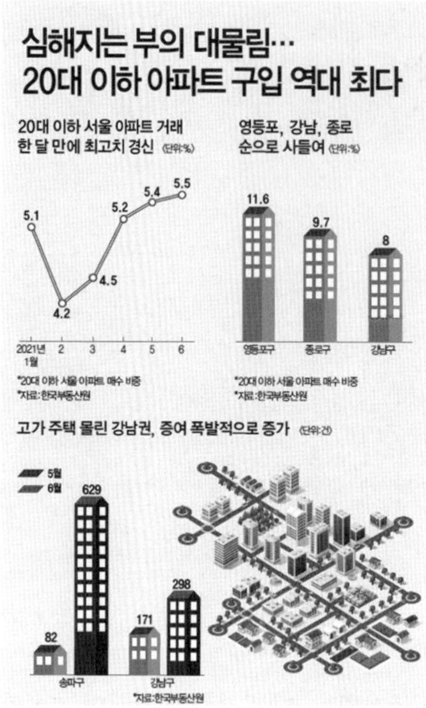

그림 4-1 심해지는 부의 대물림[1]

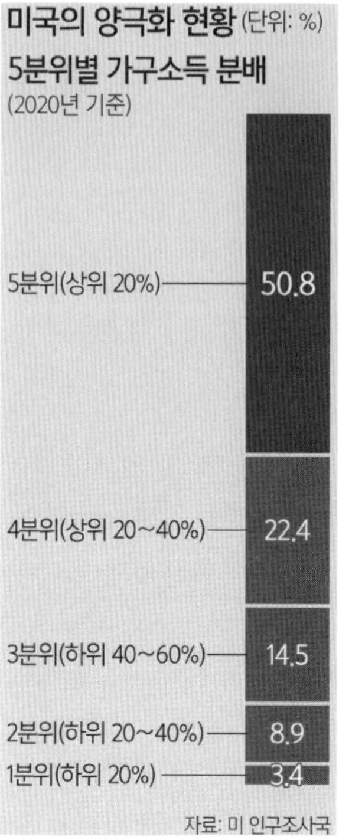

그림 4-2 미국의 양극화 현황[2]

반까지 32.3%로 증가했다고 한다. 우리나라의 상황도 크게 다르지 않다. 우리나라는 1997년 IMF 이후 소득수준 중간층이 무너지면서 양극화 현상이 심화되었으며 이러한 부의 양극화는 날이 갈수록 심화되는 양상을 보인다.

부의 양극화 현상의 가장 큰 문제는 이러한 현상이 대물림을 통해 우리 사회에서 지속되고 확장된다는 것이다. 부의 대물림과 그로 인한 자본의 고착화 및 서열화가 결국에는 사회분열을 초래할 수 있다. 몇 년 전 초등학생들 사이에서 '휴거'라는 말이 유행한 적이 있다. '휴거'란 한국토지주택공사(LH)에서 건설한 아파트인 '휴먼시아'와 '거지'를 결합한 단어로 임대주택에 사는 사람들을 비하하는 의도로 만들어진 단어이다. 주거

---

1 반진욱, 「심해지는 부의 대물림...20대 이하 아파트 구입 역대 최다[인포그래픽]」, 『매경ECONOMY』, 2021. 8. 16.

2 박영준, 「상위 1%가 富 35% 차지.. 빈부격차 해가 갈수록 심화」, 『세계일보』, 2021. 10. 23.

형태로 사람들을 나누고, 서열화하는 모습이 어린 아이들에게서 발견되었다는 점에서 많은 사람들이 충격을 받았다. 이는 언뜻 경제적 측면의 문제 같아 보이지만 이러한 현상이 심화되면 국민 분열이라는 사회적 문제를 야기할 수 있으며, 부의 양극화 현상에 대해 정부가 제대로 된 역할을 하고 있지 못하다는 점에서 정치의 문제와도 밀접한 관련을 맺는다.

제4부에서는 이처럼 사회의 다양한 분야에서 나타날 수 있는 문제들을 설정한다. 이와 더불어 문제를 해결하기 위해 여러 분야의 지식들을 서로 연결하고, 융합한 지식을 바탕으로 새로운 가치를 창출함으로써 사회를 구성하고 있는 일원으로서 그 역할을 다하고자 한다. 당면한 사회의 문제를 해결하기 위해 활용할 수 있는 글 유형에 여러 가지가 있겠지만 대표적으로 세 가지를 소개한다.

(2) 칼럼

사전적 의미에서 칼럼은 '신문이나 잡지 등에서 시사문제, 사회풍속 등을 촌평하는 난(欄)'을 의미한다. 칼럼니스트(Columnist)라고 불리는 기고자들이나, 각 신문사의 논설위원 혹은 사회 각계 인사들이 주로 칼럼의 필자가 된다. 칼럼은 유형에 따라 정치 칼럼, 경제 칼럼, 영화 칼럼, 음악 칼럼, 여행 칼럼, 스포츠 칼럼 등으로 나눌 수 있으며, 200자 원고지 10매 내외의 분량으로 글의 길이가 길지 않다는 특징이 있다.

칼럼을 쓰는 일은 시의성 있는 문제에 대한 자신의 시각을 바로 세우는 데에서부터 시작된다. 나의 경험 속에서 내가 속해 있는 공동체의 문제를 발견하고 그 문제에 대한 나의 생각을 정리해보는 것이다. 모든 글이 그러하듯 주제가 분명하고 확실해야 한다. 주제는 자신의 관심사에서부터 출발하는 것이 좋다. 앞서 이야기했듯이 칼럼의 분야는 매우 다양하고, 시간이 지날수록 더 세분화되는 추세이다. 따라서 먼저 자신이 관심 있는 분야를 선택하여 자신만의 영역을 만드는 것이 필요하다. 관심이 있어야 쓸거리가 생긴다.

다음으로 새로운 시각을 가지는 것이 필요하다. 주제는 많은 사람들이 관심을 가지는 주제를 선택하되, 주제를 풀어나가는 방식은 새로워야 한다. 누구나 쓸 수 있는 글보다는 나만이 쓸 수 있는 글을 쓰는 것이 좋다. 이때의 '나만이 쓸 수 있는 글'이란 거창한 것이 아니라 나의 경험에 바탕을 둔, 나의 관점이 잘 드러나는 글이다.

칼럼에서의 해결책은 당면한 문제를 즉시 해결할 수 있는 구체적이고 실효성 있는 방안일 필요는 없다. 다만 공동체의 일원으로서 문제에 대한 숙고를 거치고 그것을 통해 당장 내가 행동할 수 있는 작은 실천을 생각해봄으로써 해결 방안에 대한 새로운 시각을 마련하는 것이 중요하다. 마지막으로, 이런 과정을 거쳐 완성된 글은 사회적으로 의미가 있어야 한다.

◆ 칼럼 작성 시 이것만큼은 확인하자!

① 나의 경험 속에서 사회적 문제를 발견한다.

② 주제에 대한 자신의 관점을 바로 세운다.

③ 나의 경험에 기반하여 참신한 시각으로 문제를 분석한다.

④ 타인도 공감할 수 있도록 사회적으로 의미 있는 글을 쓴다.

칼럼 쓰기의 예시

섬에 사는 걸 실감하는 순간 중 하나가 택배를 주문할 때다. 이곳은 우편 서비스나 물류 배송이 대도시보다 현저히 늦고, 국내 다른 지역과 비교해도 상대적으로 느린 편이다. 물품을 주문하면 배송되는 데 보통 사나흘 걸린다. 기상상태나 운송 일정에 따라 닷새 이상 소요될 때도 있다.

그런 제주에 로켓배송 서비스가 본격적으로 들어온 건 지난해 봄이었다. 한갓진 곳에 거대한 물류창고가 들어섰고, 쿠팡 로고가 그려진 화물차가 여기저기서 보이기 시작했다. 익일배송의 편리함은 지역 일상에서 화제가 되었지만 초기엔 관심을 두지 않았다. 말 그대로 총알같이 배송하느라 '쿠팡맨'들이 겪는 고충을 기사로 접해왔기 때문이다. 그러다 처음 로켓배송을 이용한 건 비대면 온라인 수업에 사용할 웹캠이 고장 났음을 뒤늦게 확인했던 어느 금요일 밤이었다. 통상 주말 포함 닷새 걸릴 배송을 쿠팡에선 만

하루면 해준다고 했다. 다음날이 토요일이라 설마 싶었으나 다음날 저녁 어김없이 문 앞에 물건이 놓여 있었다. 필요한 물건을 하루 만에, 그것도 주말에 배송 받으니 솔직히 편했다. 앱을 내려받아 정식으로 가입하기까지 얼마 걸리지 않았다.

그 무렵 쿠팡 부천물류센터에서 직원과 가족·지인 등 152명의 코로나19 확진자가 발생했다. 환기구나 창문 없는 밀폐된 공간에서 노동자 400여명이 동시간대에 작업해온 사실 등도 보도되었다. 난 그 집단감염을 업무상 재해로 인정한 판결을 지지했고, 가족·지인이 입은 피해를 기업 측이 보상해야 한다고 믿었다. 그러면서 여전히 로켓배송은 요긴하게 이용했다. 올해 초 새벽배송하던 택배기사들의 과로사가 연이어 발생했을 때도 이건 옳지 않다 싶었으나, 주문한 물건이 일주일 지나 도착한 일이 있은 후 슬며시 다시 쿠팡 앱을 열었다. 도서지역 거주자이니 이 부조리한 편리함을 좀 향유해도 괜찮지 않을까 싶었다.

며칠 전 쿠팡이 운영하는 물류센터에 대형화재가 발생했다. 여러 날 이어진 진화작업 도중 한 소방관이 목숨을 잃었다. 화재원인이 아직 공개된 건 아니지만, 냉난방 시설이 갖추어지지 않은 상태에서 여러 대의 선풍기를 멀티탭으로 연결시켜 풀가동한 것과 관계있으리란 기사들을 읽었다. 지난해 물류창고 집단감염과 올해 과로사한 쿠팡맨들이 뇌리를 스치며 가슴 깊숙이서 화가 치밀었다. 그러다 문득 생각했다. '악덕기업'에 날선 분노를 표출하며 스스로를 택배노동자 편에 선 자로 손쉽게 위치 짓는 나는 과연 정말 정의로운가. 로켓배송의 해악에 공분하면서도 배송 느린 지역에 산다며 그 편리함을 포기하지 않던 것은 가진 자의 탈세에 공분하면서도 스스로는 중산층이 아니라며 세금 덜 낼 방안에 골몰하는 것과 무엇이 다를까. 소극적 공모자 내지 방조자였을 내가 가질 일차적 감정은 정의감보단 부끄러움이었어야 하지 않을까.

쿠팡 불매운동에 동참함이 '정답'인지는 잘 모르겠다. 국내 등기이사직을 사임한 창업자보다 당장 일거리가 줄어들 쿠팡맨들이 입을 타격이 오히려 더 크면 어쩌나 걱정되고, 유사한 노동악조건을 지닌 경쟁업체들에 힘을 실어주는 건 아닌가 싶기도 하다. 모종의 삶의 여건들로 새벽배송이 여전히 절실한 이들에 대해 불매를 인증한 경우가 항상 도덕적 우위를 점한다고도 보지 않는다. 다만 한 개인으로서, 적어도 스스로 부조리하다며 비판해온 편리함이라면 이를 내려놓음이 떳떳한 행동일 듯했다. 섬에 사는 사람인지라 도서지역의 물류 배송 상황이 개선되길 바라지만, 그걸 이유로 택배노동자의 삶을 갉아먹어온 과도한 서비스를 여기서'도' 누릴 수 있는 선택항에 더는 현혹되고 싶지 않았다. 정책입안자나 관련 분야 전문가가 아닌 내가 지금 할 수 있는 건 일상에서 불편함 하나를 의지적으로, 그리고 지속적으로 감내하는 것이라 생각했다. 그래서 회원을 탈퇴하고, 앱 삭제 버튼을 눌렀다.

이소영, 「부조리한 편리함을 내려놓는 것」, 『경향신문 오피니언』, 2021. 6. 23.

위 칼럼의 필자는 익일 배송이라는, 물류 배송이 느린 도서지역에서는 다소 혁신적인 '로켓 배송' 시스템을 접하게 된다. 그리고 그 속에서 문제를 발견한다. 소비자의 입장에서 로켓 배송은 분명 편리한 시스템이다. 배송 지연을 흔히 겪는 도서 지역의 소비자라면 더욱 그러하다. 필자는 일련의 사건들을 통해 깨달은 현상의 부조리함과 자신이 누리는 편리함을 놓고 갈등한다. 하지만 이내 익일 배송을 위한 로켓맨(노동자)들의 고충, 그들의 열악한 작업환경 등 그들이 놓인 문제상황에 깊이 공감하며 부조리한 편리함을 내려놓고 일상의 불편함으로 돌아가기로 마음먹는다.

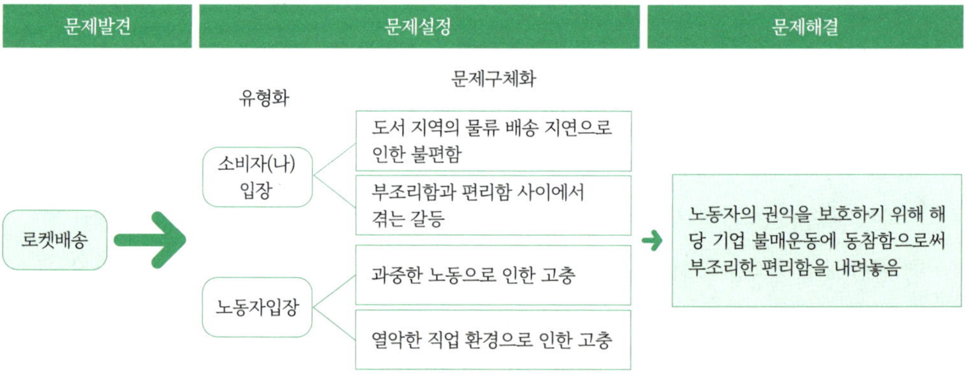

필자는 내가 살아가는 삶 속에서 문제를 발견하고, 그 문제에 대해 고민한 후, 그에 대한 나의 관점을 세우고 있다. 정책입안자나 관련 분야 전문가로서가 아닌, 공동체의 일원으로서 나의 대처방안을 생각하여 제시하고 있다는 점에서 문제해결 글쓰기로서 의미 있는 칼럼이다.

(3) 제안서

제안서는 자신의 의견을 어떠한 분야에서 수용되도록 하는 것을 목적으로 하는 글이다. 정책 제안서, 사업 제안서, 기술 제안서, 연구 제안서, 강의 제안서 등 제안서가 쓰이는 분야는 매우 다양하다. 대학에서 교내 행사를 기획하거나 지역 행정기관에 생활의 불편사항을 개선하도록 건의하는 글도 제안서에 해당한다.

제안서 쓰기의 과정

문제 확인
-제안 이유(기획목적) 설명

➜

현재 상황 분석
-현재 상황의 문제 부각
-현황 분석, 문제점 도출

➜

새로운 대안 제시
-달성 전략 함께 제시
-기대 효과 제시

새로운 대안은 ①구체성 ②차별성 ③실현가능성 ④합리성 ⑤공익성 등이 고려되어야 함.

제안서는 타인을 설득하는 글이다. 그렇기 때문에 해당 과제(문제)에 대한 자신의 의견을 분명하게 정리하는 일이 가장 중요하다. 과제(문제)를 확인한 후, 현재 상황에 대해 분석한다. 이때 현재 상황의 문제점을 부각하는 것이 필요하다. 현재 상황에 아무런 문제가 없다면 새로운 방안을 제안할 필요가 없기 때문이다. 마지막으로 현재의 문제를 타개할 수 있는 대안을 제시해야 한다.

제안 내용은 반드시 기존에 상용되지 않는 새로운 방안이어야 한다. 완전히 새로운 내용을 제시하기 힘들다면 기존 방안의 문제점을 지적하고 그것을 수정·보완해야 한다. 제안하는 내용은 구체적이어야 하며, 제안 내용을 달성할 수 있는 전략을 함께 제시해야 한다. 제안서는 나의 제안이 타인에게 채택되어 실제로 쓰이게 하기 위해 작성하는 글이므로 제안 내용은 타인의 시선을 끌 만큼 흥미로워야 한다. 또한 다른 제안들과 차별 지점이 있어야 한다.

더불어 제안서는 현실의 문제를 타개하기 위한 글이므로 실현가능한 방안을 제시할 필요가 있다. 아무리 참신하고 합리적인 제안이라도 현실에서 적용될 수 없다면 무의미하다. 마지막으로 사회적 문제에 대한 것이기 때문에 사회 구성원 대다수의 동의를 얻을 수 있어야 하며 그 진행 과정이나 방법의 측면에서 합리성을 갖추어야 한다.

다수의 개인이 관계를 맺고 있는 사회에서 문제를 해결하기 위한 방안을 제안할 때 나만의 이익을 고려하는 것이 아니라 공공의 이익을 고려해야 한다. 공익을 우선하는 사고와 글쓰기는 개인적 차원의 사고와 글쓰기에 머물지 않고 사회 구성원이자 시민으로서의 자신을 만들어가는 하나의 길이라 할 수 있다.

제안서 쓰기의 예시

제목	원룸촌 쓰레기 무단투기 감소를 위한 제안서 **; 쓰레기 무단투기와 거리두기**
제출일	2022.○○.○○.
제출자	강○○, 이○○, 윤○○, 정○○, 유○○
기획 목적	**1. 쓰레기 무단투기의 정의** 폐기물 관리법 정의 제8조 ① 누구든지 특별자치시장, 특별자치도지사, 시장·군수·구청장이나 공원·도로 등 시설의 관리자가 폐기물 수집을 위하여 마련한 장소나 설비 외의 장소에 폐기물을 버리거나, 특별자치시, 특별자치도, 시·군·구의 조례로 정하는 방법 또는 공원·도로 등 시설의 관리자가 지정한 방법을 따르지 아니하고 생활폐기물을 버려서는 아니 된다. <개정 2007.8.3.,2013.7.16.,2021.1.5.> (이하 생략) **2. 진주지역 쓰레기 무단투기의 심각성** 경상국립대학교 원룸촌 주변에서 무단투기 되어있는 쓰레기들을 흔히 발견할 수 있다. 학교 근처뿐만 아니라 진주지역 전체를 바탕으로 한 자료를 보면 더욱 심각하다는 것을 알 수 있다. 진주지역 쓰레기 무단투기 실태조사에 따르면 (중략) 이 제안서는 원룸촌 쓰레기 무단투기 문제를 개선하기 위해 문제의 원인을 다각적인 측면에서 접근하여 다양한 해결 방안을 통해 문제를 해결하는 것을 목적으로 한다.
현황	각 지자체는 쓰레기 무단투기를 줄이기 위해 다양한 제도를 시행하고 있으며 여러 지자체가 공통으로 시행하고 있는 제도는 아래와 같다. **1. 쓰레기 불법 투기 시, 과태료 부과** 폐기물관리법 제68조 제3항 제1호에 따라 생활 쓰레기의 투기, 매립, 소각의 종류와 생활 쓰레기의 사용된 출처에 따라 100만 원 이하의 과태료를 부과하고 있다. **2. 이동식 감시카메라 설치 (내용 생략)** **3. 신고포상금 제도 운용 (내용 생략)** 다양한 제도의 실행에도 불구하고 진주시와 지역 주민들은 여전히 무단투기 되는 쓰레기들로 많은 고충을 겪고 있다. 이에 현재 시행되고 있는 제도들의 한계점을 찾아 현 상황의 문제점을 세 가지로 세분화해보았다.

	1. 시설 부족 (내용 생략) **2. 비약한 홍보 (내용 생략)** **3. 결여된 시민의식 (내용 생략)**
목표	1. 진주시에서 운영 중인 제도의 한계점을 파악하고, 이를 시대의 변화에 맞추어 보완한다. 2. 진주시의 환경문제를 다루는 홍보 수단을 개선한다. 현재 사용되는 홍보 매체의 접근성을 개선하고, 이를 통해 진주시민들이 가지고 있는 쓰레기 무단투기 문제에 관한 인식을 개선한다. 3. 시설, 제도, 법률적으로 새로운 제도를 제시하여, 올바른 쓰레기 배출이 가능한 환경을 조성한다. 앞서 말한 세 가지의 목표를 바탕으로 하여, 진주시에서 발생하고 있는 '쓰레기 무단투기' 발생 횟수를 줄이며, 진주시의 주거 및 생활환경을 개선하는 것을 최종적인 목표로 한다.
해결 방안	**[제도 측면]** **1. 종량제 봉투 무료 제공** 지자체는 판매소와의 협의를 통해 종량제 봉투의 판매소 이윤을 기존보다 낮추고, 낮춘 가격의 종량제 봉투를 대량으로 구매해 이를 지역 주민에게 매달 일정량 무료로 제공한다. 이때 종량제 봉투 무료 제공일은 매달 첫 주 토요일로 하며, 지역 주민들은 자신이 지역에 거주하고 있는 주민임을 증명할 수 있는 서류를 지참해야 한다. 가구당 종량제 봉투 제공량은 아래와 같이 한다. (1인 가구: 3개 / 2인 가구: 6개 / 3인 가구 이상: 9개) **2. 종량제 봉투 가격 인하** 일반 쓰레기 종량제 봉투의 가격은 총 세 가지로 구성되어 있다. 시에서 종량제 봉투를 제작하는 단가와 업체에서 쓰레기를 운반하고 처리하는 비용, 판매소에서 판매하는 이윤이다. 이 중 판매소에서 얻는 이윤을 줄여 종량제 봉투의 가격을 인하한다. **3. 지역·사회 봉사 도입 (내용 생략)** (이하 생략) **[홍보 측면]** **1. 카카오톡 채널 개설** 지역 내에 행정구역별로 카카오톡 채널을 개설한다. 예) 가호동 행정복지 카카오톡 채널

	채널 관리는 구역별 행정복지센터에서 관리하고 총괄하는 것은 시청에서 한다. 이 채널은 현재 진행 중인 제도 및 환경과 관련된 공지사항을 시민들에게 전달하는 역할을 한다. 이때 전달되는 내용은 생활 쓰레기 배출 요령, 시행 중인 폐기물 관련 정책, 무단투기 신고제 홍보, 올바른 쓰레기 배출 사례 등으로 폐기물 관련 중요 사항과 관련된 것이다. [시설 측면] **1. 쓰레기 거점수거대 설치** 쓰레기 거점수거대 설치 사업이란 일정 구간 거점을 지정하여 생활 쓰레기를 분리배출할 수 있는 수거대를 설치해 해당 지역의 주거 환경개선 및 재활용 분리배출을 촉진하는 사업이다. (이하 생략)
기대 효과	**1. 쓰레기 무단투기 감소** 매달 일정량의 종량제 봉투 무료 제공과 종량제 봉투의 가격 인하, 쓰레기 거점수거대의 설치, 쓰레기 무단투기 적발에 대한 처벌 강화로 매년 증가하고 있는 쓰레기 무단투기의 양을 줄일 수 있으리라 기대한다. **2. 폐기물 관련 제도에 대한 주민 인지도 향상 및 올바른 쓰레기 배출에 관한 지식 함양 (내용 생략)** **3. 깨끗한 도시 환경 조성 및 주거환경 개선 (내용 생략)**
참고 문헌	(내용 생략)

위의 제안서는 우리 지역사회의 무단투기 문제를 해결하기 위한 방안을 담고 있다. 기획 목적에는 쓰레기 무단투기 문제를 우리 사회의 '문제'로 인식한 이유에 대해 서술하였다. 현황에서는 현재 쓰레기 무단투기를 방지하기 위해 실행하고 있는 제도와, 그럼에도 불구하고 문제를 개선하지 못하는 제도의 한계점에 대해 서술하고 있다. 목표에서는 제안 내용이 실현되었을 때 도달할 수 있는 목표에 대해 설명하고 있다. 해결 방안에서는 현황에서 한계점으로 꼽았던 시설, 홍보, 시민의식 측면의 문제를 보완하기 위해 제도, 홍보, 시설 항목으로 나누어 각각의 항목에 따라 구체적인 해결 방안을 제안하고 있다. 이와 같이 제안서는 문제를 유형화시킴으로써 지역사회의 쓰레기 무단투기 문제를 해결할 수 있는 방안을 여러 층위에서 마련하고 있다. 이를 도표화하면 아래와 같다.

문제발견	문제설정		문제해결
	유형화	문제구체화	
지역사회 쓰레기 무단투기	제도적 측면	주민들은 왜 무단투기를 할까? 무단투기를 막기 위한 방안에는 어떤 것들이 있을까?	종량제 봉투 제도 변화 및 지역·사회·봉사 제도 도입
	홍보 측면	주민들은 무단투기에 대한 심각성을 인지하고 있을까? 주민들은 폐기물 배출 관련 정보들을 잘 알고 있을까?	행정구역별 카카오톡 채널 개설
	시설 측면	도시 환경 및 주거 환경 개선을 위해서는 어떻게 해야할까? 아파트 외 모든 주거공간에 배출시설이 적절하게 배치되어 있는가?	쓰레기 거점수거대 설치

제안서 형식

제목	
제출일	
제출자	
기획 목적	
현황	
목표	

해결 방안	
기대 효과	
참고 문헌	

(4) 설명서

설명서는 사물의 내용이나 이유, 사용법 등을 밝힌 글로 설명문의 일종이다. 일상에서 가장 쉽게 접할 수 있는 설명서는 제품의 사용설명서일 것이다. 문제해결 글쓰기로서 설명서는 우리 생활 속에서 문제를 발견하고, 그러한 문제를 해결할 수 있는 제품을 직접 고안하고, 그것을 대중에게 소개하는 데 목적을 두는 글이다. 그와 동시에 사용설명서는 우리가 처음 맞닥뜨린 제품을 사용하는 데 겪는 여러 가지 문제를 해결하기 위해 읽는다는 점에서 사용자의 문제를 해결해줄 수 있는 글을 쓰는 활동이기도 하다. 따라서 사용자가 당면한 문제를 해결할 수 있도록 글을 쓰는 데에 초점을 맞추어야 한다.

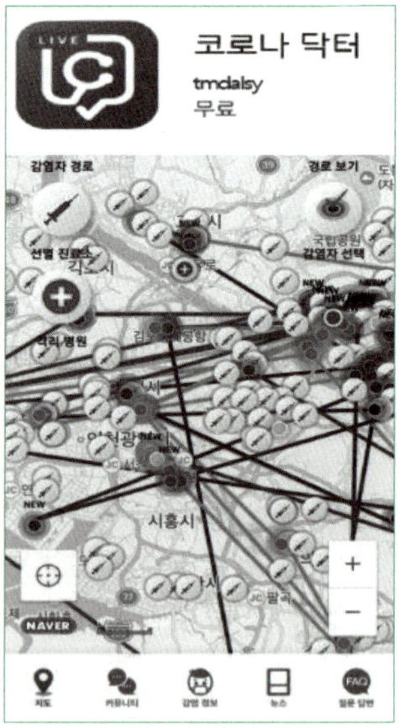

그림 4-3 코로나 닥터 어플리케이션의 구동 화면

문제해결 글쓰기로서 설명서 쓰기는 문제를 발견하는 데에서부터 시작한다. 일상에서 겪고 있는 불편함, 문제 상황을 떠올려 보자. 그 문제를 해결해 줄 수 있는 구체적이고도 물질적인 하나의 '제품(product)'을 창출·제작·개발하는 것이 설명서 쓰기에 선행되어야 할 과제이다. 2020년 3월 인하대학교 학생들이 코로나19 현황과 확진자 이동 경로 등을 확인할 수 있는 '코로나 닥터' 어플리케이션을 만든 것이나, 공학계열에서 활용하는 프로그램인 캡스톤 디자인(Capstone design)이 여기에 해당한다.

설명서를 작성하는 과정에서 실제 제품을 제작하는 단계를 거친다면 설명서 작성에 도움이 될 것이나, 이 수업에서는 창안한 아이디어를 글로 옮기는 것에 목적을 둔다. 본격적인 설명서 쓰기 단계에서는 내가 만든 제품을 사용하는 방법에 대해 단계별로 설명한다. 사용자의 이해를 돕기 위해 그림 또는 관련 이미지를 첨부한다면 설명서로서의 기능을 보다 잘 수행할 수 있다. 우리가 일상에서 겪고 있는 다양한 문제들을 해결할 수 있는 제품을 구상하고, 사용자가 제품을 원활하게 사용할 수 있도록 설명서를 써보자.

설명서 쓰기의 과정

문제발견 → 해결방안 마련 → 제품 창출 → 설명서 작성

설명서 작성 항목

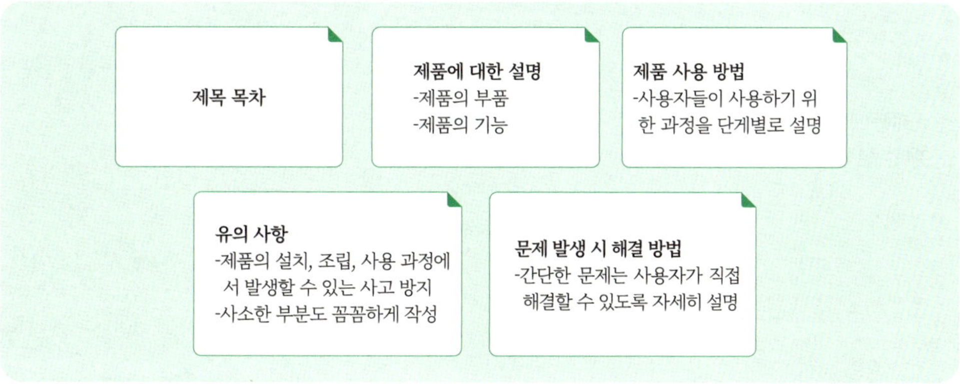

설명서 형식

<table>
<tr><td rowspan="3">표
지</td><td>제목</td><td></td></tr>
<tr><td>제출일</td><td></td></tr>
<tr><td>제출자</td><td></td></tr>
<tr><td colspan="2">문제의 배경</td><td></td></tr>
<tr><td colspan="2">문제의 현황</td><td></td></tr>
<tr><td colspan="2">제품에
대한 설명</td><td>1. 제품의 부품
2. 제품의 기능
*그림이나 사진 등을 첨부하여 이해를 도울 수 있음</td></tr>
</table>

제품 사용 방법	*사용 단계별 설명이 필요
취급 시 유의사항	
문제 발생 시 해결방법	
기대 효과	

학습활동

◆ 제4부 1장에서는 내가 살아가고 있는 사회의 문제를 해결하기 위해 활용할 수 있는 글 유형 세 가지를 살펴보았다. 칼럼, 제안서, 설명서 중 어떤 유형을 선택하여 어떤 주제로 문제해결 글쓰기를 할 것인지 토의해보자.

글 유형	
주제	
세부 주제	
참고 자료	※ 구체적인 자료를 제시하기보다는 세부 주제 관련 확인 자료를 표시 (예: 현재 한국의 경제 상황(경제 지표)-통계자료 등) ※ 관련 자료를 역할 분담해서 찾아 올 것

제2장

환경과 기계

(1) 배경

오늘날 우리는 인류 역사상 그 어느 때보다도 첨단 과학 기술이 고도로 발달한 시대에 살고 있다. 과학 기술의 발달은 인간에게 무한한 가능성을 열어주었고, 편리한 일상을 제공해주고 있다. 바야흐로 우리는 그 어느 때보다 빠른 속도로 공간을 이동할 수 있으며, 앉아 있는 그 자리에서 지구 반대편에서 벌어지는 일들을 손쉽게 확인할 수 있는 시대에 살고 있는 것이다. 그러나 과학 기술의 발전에 무턱대고 환호를 보낼 수도 없는 것은 과학 기술의 발전이 우리의 일상에 부정적인 영향으로 되돌아오는 경우가 있기 때문이다.

대표적인 경우로 환경오염을 꼽을 수 있다. 특히 미세먼지로 인한 대기오염은 전 세계적인 이슈 중 하나로 손꼽힌다. 미세먼지는 지름이 10마이크로미터 이하의 먼지를 말한다. 미세먼지 중에서도 입자가 더 작은 먼지를 초미세먼지라고 한다. 미세먼지는 탄소, 질산염, 황산염, 유해 금속 등 인체에 유해한 물질들로 구성되어 코와 기도를 거쳐 폐로 침투한다. 이보다 입자가 작은 초미세먼지의 경우 폐세포와 혈관까지 침투하는 위험물질로 알려져 있다. 장기간 미세먼지에 노출되면 면역력이 저하되고 천식, 기관지염 등 호흡기 질환과 심혈관 질환, 안구질환, 피부질환 등 각종 질병이 발생할 수 있다. 그

야말로 인간에게 치명적인 물질이다.

그렇다면 왜 미세먼지가 발생하는 것일까? 미세먼지의 발생 원인은 다름 아닌 인간이다. 더 구체적으로 말하자면 인간의 편리함과 윤택한 삶을 위해 사용되는 화력발전과 자동차, 공장에서 연소 후 쏟아지는 유해한 입자들이 먼지가 되어 인간의 일상을 공격하는 것이다.

이런 미세먼지의 공격에 우리는 어떻게 대처하고 있는가? 가장 발 빠르게 움직인 것은 과학 기술과 손잡은 기업(자본)이다. 미세먼지로부터 인간을 보호하기 위해 '초미세먼지 기준보다 작은 사이즈 먼지까지 99.999% 제거하는 초미세청정이 가능'한 공기청정기를 만들어낸 것이다. 덕분에 우리는 적어도 실내에서는 깨끗한 공기를 마실 수 있게 되었다. 그러나 공기청정기를 생산하기 위해서는 공장이 가동되어야 하고, 공기청정기를 작동시키기 위해서는 전기가 필요하다. 미세먼지로 위협받는 인간의 건강을 지키기 위해 또다시 미세먼지를 발생시키고 있는 것이다. 이것을 적절한 문제해결이라고 할 수 있을까?

이 장에서는 '환경과 기계'와 관련된 여러 가지 사회 문제를 떠올려보고, 그 중 한 가지 문제를 구체화하여 해결 방법을 찾아서 설득력 있는 글로 완성하는 것을 목표로 한다.

(2) 질문하기

질문하기를 통해 문제의 원인을 발견할 수 있고 이에 따라 해결 방안을 마련할 수 있다. 질문을 어떻게 하느냐에 따라 문제를 바라보는 시각이 달라지며, 그에 따라 해결 방안도 달라질 수 있다. 따라서 질문은 현상에 대한 질문을 넘어 문제의 배경에 다가설 수 있는 것이어야 한다. 질문하기는 문제의 배경에 닿을 때까지 연속적으로 이어져야 하며 이러한 연쇄적인 질문을 통해 적절한 해결 방안을 마련하는 데까지 나아갈 수 있다.

미세먼지가 무엇인가?

↓

인체에 유해한 여러 가지 물질들로 구성된 눈에 보이지 않는 먼지

↓

왜 미세먼지가 발생하는가?

↓

화력발전, 자동차, 공장/국내의 경우 중국에서 유입되는 경우

↓

미세먼지 저감을 위해서 어떤 해결 방법이 있는가?

학습활동

◆ '환경과 기계'와 관련하여 평소 관심 있었던 내용이나 검색을 통해 알게 된 내용을 한 가지 정하여 문제의 배경에 도달할 수 있도록 질문을 이어가보자.

(3) 문제설정 및 유형화

'질문하기'를 통해 생각했던 질문들과 관련하여 팀원들과 의견을 나누어 보고, 적절한 문제를 설정하여 유형화해보자.

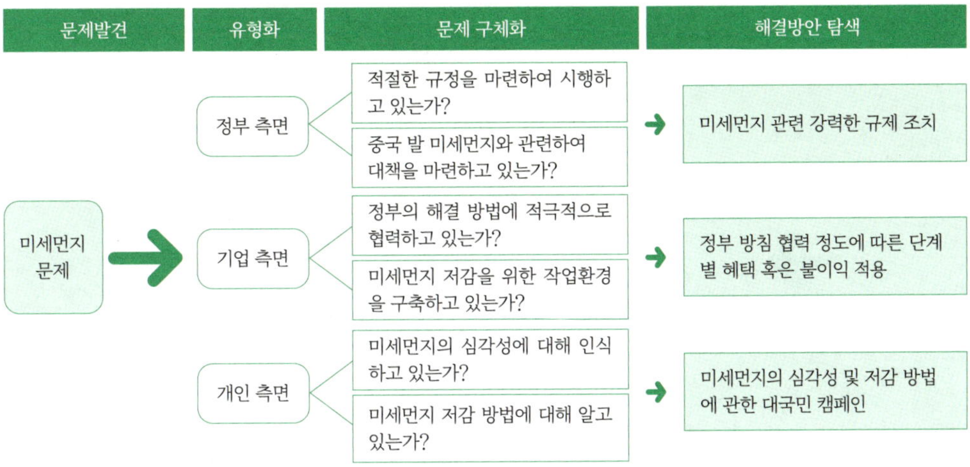

앞서 예로 들었던 '미세먼지 문제'를 문제로 선정한다면, 그에 대해 던졌던 다양한 측면의 질문들을 통해 해결 방안을 제시하는 데까지 나아가는 것이 이 단계에서 할 일이다. 이를 통해 미세먼지와 관련해서 정부와 기업, 개인의 측면에서 각각의 문제들을 확인할 수 있다. 앞선 분석을 바탕으로 가능한 해결 방안을 탐색하고 그것을 아우를 수 있는 해결 방안을 제시하는 것이 가장 근본적인 문제해결 방법일 것이다.

그러나 설정한 문제의 범위가 다소 넓을 경우 다시 질문하기 과정과 유형화를 거칠 수도 있다. 예를 들어 미세먼지 문제해결을 위한 개인적 차원의 '미세먼지 저감 방법을 알고 있는가?'라는 질문은 '미세먼지 저감 방법에는 어떤 것들이 있는가?'로 이어질 수 있다. 이 경우 해결 방법으로 '나무 심기'를 제안한다면, 미세먼지 문제해결을 위한 나무 심기는 다시 제도적 차원, 경제적 차원에서 구체적인 질문과 질문에 따른 해결 방법이 연결될 수 있다.

이처럼 문제해결을 위해서는 연속된 질문을 던지고 실현 가능한 해결 방법을 마련하는 것이 무엇보다 중요하다.

학습활동

◆ 질문하기를 통해 마련했던 문제를 유형화하고, 문제해결을 위한 구체적인 질문들에 해답을 제시하면서 해결 방안을 탐색해보자.

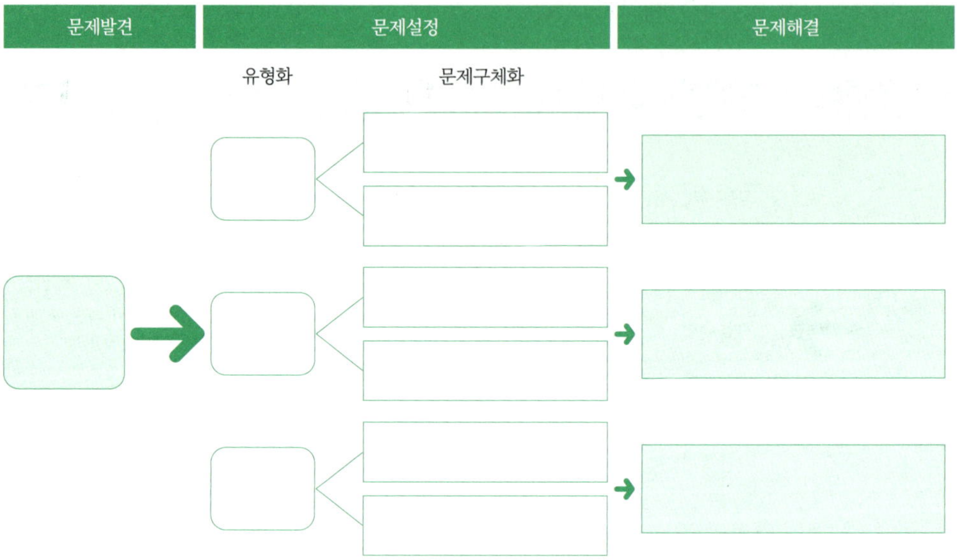

◆ 문제를 설정·구체화하고 해결 방안을 마련하는 데 도움이 되는 자료를 찾아 정리해보자.

자료 주제	출처	내용 정리

◆ 설정한 문제를 중심으로 문제를 해결하기 위한 구체적인 글쓰기 수행 활동지를 작성해보자.

<'사회' 문제해결 글쓰기 수행 활동지>	
주차 및 수업일	
팀원	
선정한 문제	
문제의 배경	
문제의 원인	

<table>
<tr><td rowspan="12">문제해결 방안</td><td rowspan="4">1</td><td>해결의 주체</td><td>누가
해결해야 하는가?</td><td></td></tr>
<tr><td>해결의 방법</td><td>어떻게
해결해야 하는가?</td><td></td></tr>
<tr><td>해결의 도구</td><td>무엇으로
해결해야 하는가?</td><td></td></tr>
<tr><td>해결의 결과</td><td>결과를 어떻게
활용할 수 있는가?</td><td></td></tr>
<tr><td rowspan="4">2</td><td>해결의 주체</td><td>누가
해결해야 하는가?</td><td></td></tr>
<tr><td>해결의 방법</td><td>어떻게
해결해야 하는가?</td><td></td></tr>
<tr><td>해결의 도구</td><td>무엇으로
해결해야 하는가?</td><td></td></tr>
<tr><td>해결의 결과</td><td>결과를 어떻게
활용할 수 있는가?</td><td></td></tr>
<tr><td rowspan="4">3</td><td>해결의 주체</td><td>누가
해결해야 하는가?</td><td></td></tr>
<tr><td>해결의 방법</td><td>어떻게
해결해야 하는가?</td><td></td></tr>
<tr><td>해결의 도구</td><td>무엇으로
해결해야 하는가?</td><td></td></tr>
<tr><td>해결의 결과</td><td>결과를 어떻게
활용할 수 있는가?</td><td></td></tr>
<tr><td>구체적인
해결책</td><td colspan="4"></td></tr>
</table>

제3장

경제와 교육

(1) 배경

MZ세대의 주식에 대한 관심이 뜨겁다. 주식뿐만 아니라 가상화폐, 부동산에도 적극적으로 투자를 하고 있는 추세이다. '영끌'과 '빚투'라는 신조어에서 이러한 세태를 읽어 볼 수 있다. 이러한 현상의 배경에는 높은 물가·부동산 상승률과 그에 비해 턱없이 낮은 임금 상승률과 저축 금리가 있다. 자신의 소득만으로는 미래에 안정된 생활을 영위할 수 없다는 불안이 이러한 투자 열풍을 불러온 것이다.

그러나 투자를 하는 모든 사람이 안정된 생활을 할 수 있을 만큼의 이익을 얻는 것은 아니다. 우리나라 주식 부자의 대부분은 상속과 증여를 통해 주식을 가지게 된 사람들이다. 이와 같은 부의 대물림 현상은 심각한 사회문제가 되고 있다. 많은 돈을 가진 사람들일수록 더 많은 돈을 갖게 되는 지금의 사회구조는 부의 불균형을 갈수록 더 심화시킨다. 통계청에 따르면 2018년 소득상위 10%와 소득하위 10%의 소득격차는 1,094만원이라고 한다.

소득 불균형의 문제는 단순히 부를 많이 가지고 못 가지고의 문제가 아니다. 소득 불균형의 문제는 많은 분야의 불평등을 유발하지만 아랫세대의 교육격차로까지 이어진다는 점에서 다른 문제들에 비해 중요하다. 교육부 조사 결과에 따르면, 2020년 가구

소득수준별 사교육비 지출 격차는 최대 5배 가량 차이가 난다. 월평균 소득 800만원 이상 가구의 1인당 월평균 사교육비는 50만 4,000원으로, 월평균 소득 200만원 미만 가구의 1인당 월평균 사교육비(9만 9,000원)의 5.1배 수준이다. 소득별 교육 격차는 결국 또다시 소득의 격차로, 개인의 삶의 질의 격차로까지 이어질 수 있다. 이와 같은 악순환의 고리를 끊어내는 것은 어려운 일이다. 하지만 반드시 해결해야 할 우리 사회의 문제임은 분명하다.

(2) 질문하기

질문하기를 통해 문제의 원인을 발견할 수 있고 이에 따라 해결 방안을 마련할 수 있다. 질문을 어떻게 하느냐에 따라 문제를 바라보는 시각이 달라지며, 그에 따라 해결 방안도 달라질 수 있다. 따라서 질문은 현상에 대한 질문을 넘어 문제의 배경에 다가설 수 있는 것이어야 한다. 질문하기는 문제의 배경에 닿을 때까지 연속적으로 이어져야 하며 이러한 연쇄적인 질문을 통해 적절한 해결 방안을 마련하는 데까지 나아갈 수 있다.

언제부터 청년층의 주식 투자 열풍이 불기 시작했을까?

↓

2018년에 비해 2020년 직장인 주식 투자 비율이 22.8%P 높아졌다.

↓

과도한 주식 투자 열풍이 생기게 된 원인은 무엇인가?

↓

KOSPI 상승으로 인한 주식 시장 활성화 / 낮은 은행이율 / 치솟는 부동산 가격 등

↓

이러한 문제는 일시적인 현상인가?
과거에는 이러한 경우가 없었는가?

학습활동

◆ '경제와 교육'에 관련하여 평소 관심 있었던 내용이나 검색을 통해 알게 된 내용을 한 가지 정하여 문제의 배경에 도달할 수 있도록 질문을 이어가보자.

(3) 문제설정 및 유형화

'질문하기'를 통해 생각했던 질문들과 관련하여 팀원들과 의견을 나누어 보고, 적절한 문제를 설정하여 유형화해 보자.

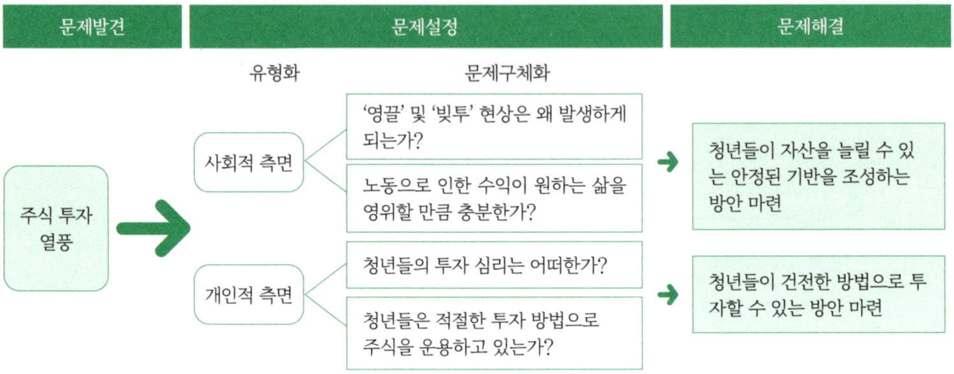

앞서 예로 들었던 청년들의 과도한 '주식 투자 열풍'을 문제로 선정한다면, 그에 대해 던졌던 다양한 측면의 질문들을 통해 해결 방안을 제시하는 데까지 나아가는 것이 이 단계에서 할 일이다. 사회적 측면과 경제적 측면, 개인적 측면에서 각각 부의 대물림으로 인한 상대적 박탈감, 낮은 임금 상승률과 저축금리, 미래의 삶에 대한 불안함이라는 문제 발생의 원인이 있을 것이고 이에 따른 해결 방안을 제시할 수 있다. 해결의 주체는 개인을 포함한 사회가 된다. 해결 방법의 하나로는 정규직과 비정규직, 대기업과 중소기업 간 극심한 임금 격차 개선, 최저임금의 제고를 들 수 있다. 이는 정책 입안을 통해 이루어질 수 있으며, 각 부처에서 실시하는 국민 공청회, 행정안전부에서 운영하는 '광화문 1번가(https://www.gwanghwamoon1st.go.kr/)' 등을 통해 목소리를 낼 수 있다. 실제로 해결되지 않더라도 목소리를 내는 것은 매우 중요하다. 사회의 문제에 대해 문제의식을 가지고 더 나은 방향으로의 변화를 모색하는 것은 우리가 살고 있는 사회를 조금 더 나은 방향으로 나아갈 수 있게 하기 때문이다.

학습활동

◆ 질문하기를 통해 마련했던 문제를 유형화하고, 문제해결을 위한 구체적인 질문들에 해답을 제시하면서 해결 방안을 탐색해보자.

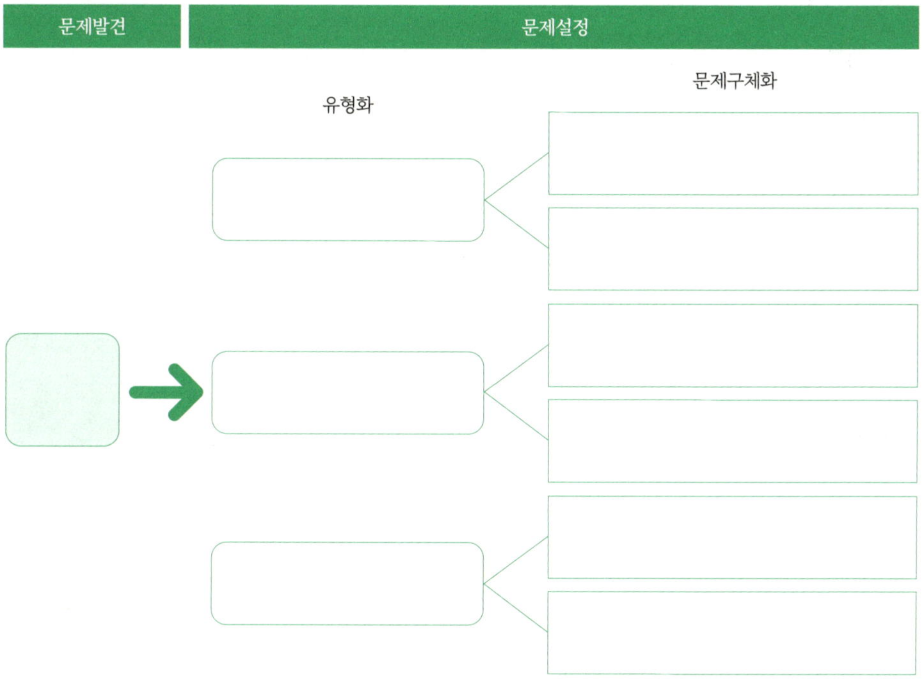

◆ 문제를 설정·구체화하고 해결 방안을 마련하는 데 도움이 되는 자료를 찾아 정리해보자.

자료 주제	출처	내용 정리

◆ 설정한 문제를 중심으로 문제를 해결하기 위한 구체적인 글쓰기 수행 활동지를 작성해보자.

<'사회' 문제해결 글쓰기 수행 활동지>	
주차 및 수업일	
팀원	
선정한 문제	
문제의 배경	
문제의 원인	

문제해결 방안	1	해결의 주체	누가 해결해야 하는가?	
		해결의 방법	어떻게 해결해야 하는가?	
		해결의 도구	무엇으로 해결해야 하는가?	
		해결의 결과	결과를 어떻게 활용할 수 있는가?	
	2	해결의 주체	누가 해결해야 하는가?	
		해결의 방법	어떻게 해결해야 하는가?	
		해결의 도구	무엇으로 해결해야 하는가?	
		해결의 결과	결과를 어떻게 활용할 수 있는가?	
	3	해결의 주체	누가 해결해야 하는가?	
		해결의 방법	어떻게 해결해야 하는가?	
		해결의 도구	무엇으로 해결해야 하는가?	
		해결의 결과	결과를 어떻게 활용할 수 있는가?	
구체적인 해결책				

제4장

의료와 인권

(1) 배경

1948년 12월 10일 UN 총회에서 채택된 『세계 인권 선언문』 제25조 1항의 내용은 "모든 사람은 의식주, 의료 및 필요한 사회 복지를 포함하여 자신과 가족의 건강과 안녕에 적합한 생활수준을 누릴 권리와 실업, 질병, 장애, 배우자 사망, 노령 또는 기타 불가항력의 상황으로 인한 생계 결핍의 경우에 보장 받을 권리를 가진다."이다. 사람이라면 누구나 자신의 건강과 안녕을 지키기 위해 적절한 의료적 혜택을 제공받을 수 있어야 함을 최소한의 권리로 명시하고 있는 것이다.

그러나 환자를 위한 의료행위가 돌이킬 수 없는 사고가 되고, 끝내 환자와 의사 간에 적절한 합의점을 찾지 못해 분쟁으로 번지는 경우가 있다. 가령, 2016년 고 권대희 씨(당시 25세)가 서울 강남의 한 성형외과에서 안면윤곽 수술을 받던 중 과다 출혈로 숨지는 사건이 발생했다. 당시 집도의가 여러 환자를 동시에 수술하고 있었고, 때문에 수술 도중 자리를 비웠다는 사실이 CCTV에 고스란히 찍혔다. 권 씨는 3,500cc나 되는 피를 쏟았지만 의사의 부재로 처치가 제대로 이뤄지지 않아 사망에 이르게 되었다.

이 사건 이후 의료사고 책임 소재 규명을 위해 수술실 CCTV 설치를 의무화하자는 목소리가 높아졌다. 의료분쟁이 개인적 차원의 문제가 아닌 사회적 차원의 문제로 확대

된 것이다.

> 수술실 CCTV 설치 의무화에 대한 환자와 의사들의 의견은 극명하게 엇갈린다. 환자들은 유령수술(환자의 동의를 받지 않은 의사가 무자격자가 수술을 대신하는 행위)과 성희롱 등 인권 침해를 막으려면 CCTV 설치가 불가피하다고 주장한다. 올 7월 한 여론조사에서 일반 성인의 73.8%가 수술실 CCTV 설치 의무화에 찬성했다. 반면 의료계는 "일부 의사의 일탈을 근거로 감시장치를 두는 건 득보다 실이 크다"고 반박한다. 근거는 크게 두 가지다. 환자의 민감한 부위가 찍힌 CCTV 영상이 외부로 유출될 가능성이 있고, 수술 시 집중력이 떨어지거나 위험한 수술을 회피하려는 경향이 커져 결국 환자에게 손해라는 주장이다. 2018년 경기도의사회의 설문에선 78%가 수술실 CCTV 설치에 반대하는 것으로 나타났다.
>
> 「"수술실 CCTV, 불법의료 막는 장치"... 의사들 "잠재적 범죄자로 몰아"」, 『동아일보』, 2020. 10. 9.

위의 예문에서 확인할 수 있듯이 수술실 CCTV 설치 의무화를 두고 일반인과 의료계 종사자들의 의견이 팽팽하게 대립하고 있다. 그렇다면 과연 수술실 CCTV 설치 의무화는 의료분쟁과 관련한 문제를 해결할 수 있는 적절한 방법일까?

이 장에서는 '의료와 인권'과 관련한 여러 가지 사회 문제를 생각해 보고, 해결 방안을 모색하여 설득력 있는 글로 완성하는 것을 목표로 한다.

(2) 질문하기

질문하기를 통해 문제의 원인을 발견할 수 있고 이에 따라 해결 방안을 마련할 수 있다. 질문을 어떻게 하느냐에 따라 문제를 바라보는 시각이 달라지며, 그에 따라 해결 방안도 달라질 수 있다. 따라서 질문은

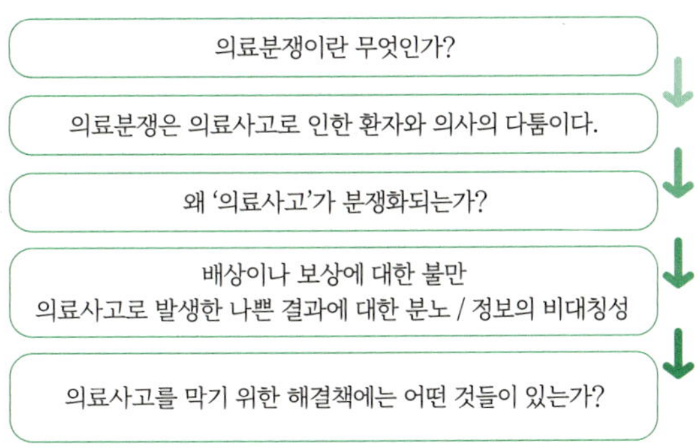

현상에 대한 질문을 넘어 문제의 배경에 다가설 수 있는 것이어야 한다. 질문하기는 문제의 배경에 닿을 때까지 연속적으로 이어져야 하며 이러한 연쇄적인 질문을 통해 적절한 해결 방안을 마련하는 데까지 나아갈 수 있다.

학습활동

◆ '의료와 인권'과 관련하여 평소 관심 있었던 내용이나 검색을 통해 알게 된 내용을 한 가지 정하여 문제의 배경에 도달할 수 있도록 질문을 이어가보자.

(3) 문제설정 및 유형화

이 단계에서는 문제에 대한 '해결 방안'을 제시하는 것이 중요한 과제이다.

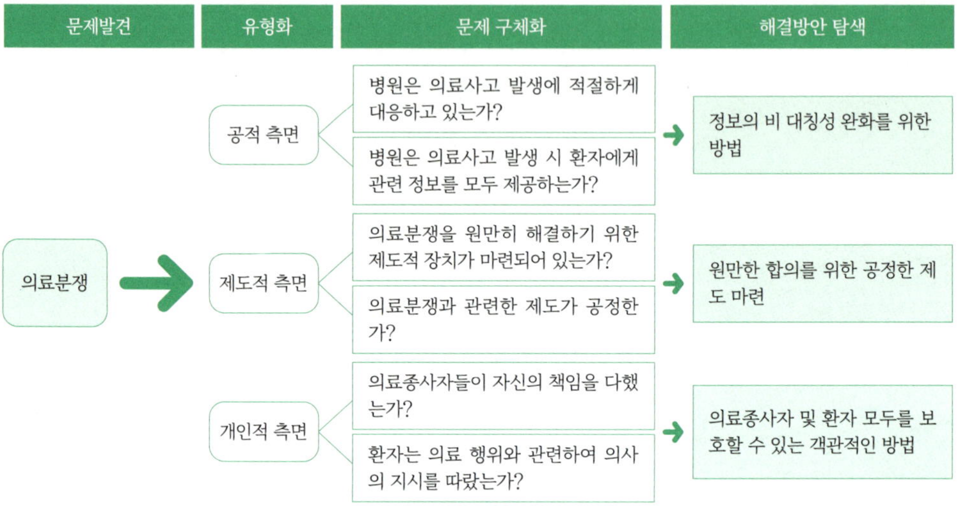

앞서 예로 들었던 '의료분쟁'을 문제로 설정한다면, 그와 관련하여 던졌던 다양한 측면의 질문들을 통해 해결 방안을 제시하는 데까지 나아가는 것이 이 단계에서 할 일이다. 공적인 측면과 제도적 측면, 개인적 측면에서 문제를 구체화하여 살핀 후, 각각 가능한 해결 방안을 탐색하여 그것을 아우를 수 있는 해결 방법을 제시하는 것이 가장 근본적인 문제해결 방법일 것이다.

'수술실 CCTV 설치를 의무화 하자'는 주장은 여러 측면을 고려하여 제시된 해결책 중 한 가지라고 할 수 있다. 실제로 수술실 CCTV 설치 의무화 법안을 마련하는 과정에서 여러 논의가 오갔지만 결과적으로 2015년 처음 국회에 제출된 관련 법안은 발의와 폐기를 반복하다가 2021년 8월 31일 국회를 통과했다. 의료분쟁을 해결하기 위한 방법 중 하나로 수술실 CCTV 설치 의무화가 받아들여진 것이다.

이처럼 문제해결을 위해서는 연속된 질문을 던지고 실현 가능한 해결 방법을 마련하는 것이 무엇보다 중요하다.

◆ 질문하기를 통해 마련했던 문제를 유형화하고, 문제해결을 위한 구체적인 질문들에 해답을 제시하면서 해결 방안을 탐색해보자.

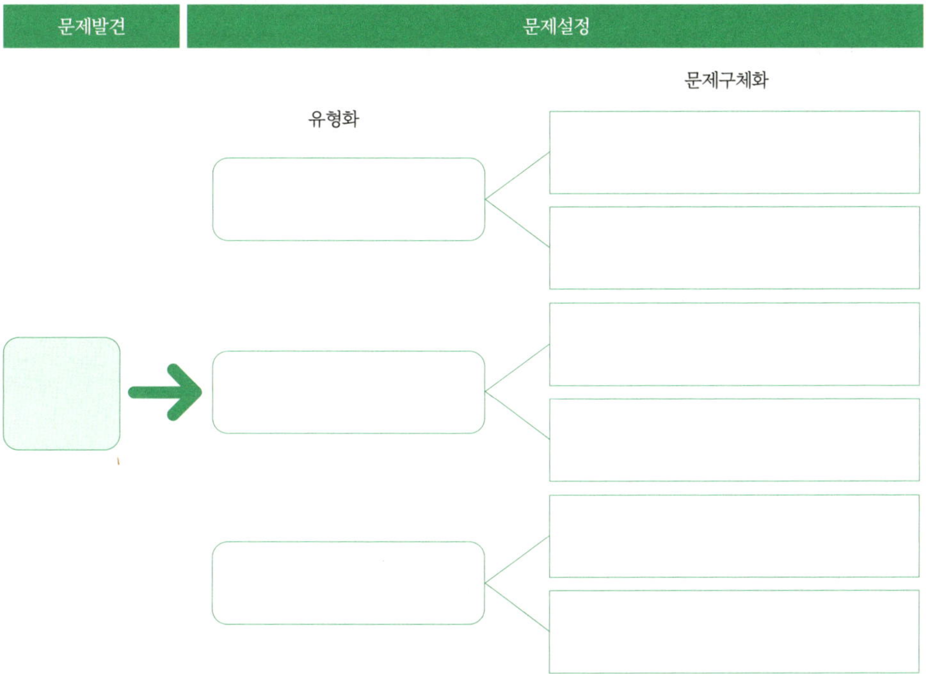

◆ 문제를 설정·구체화하고 해결 방안을 마련하는 데 도움이 되는 자료를 찾아 정리해보자.

자료 주제	출처	내용 정리

◆ 설정한 문제를 중심으로 문제를 해결하기 위한 구체적인 글쓰기 수행 활동지를 작성해보자.

<'사회' 문제해결 글쓰기 수행 활동지>	
주차 및 수업일	
팀원	
선정한 문제	
문제의 배경	
문제의 원인	

<table>
<tr><td rowspan="12">문제해결 방안</td><td rowspan="4">1</td><td>해결의 주체</td><td>누가
해결해야 하는가?</td><td></td></tr>
<tr><td>해결의 방법</td><td>어떻게
해결해야 하는가?</td><td></td></tr>
<tr><td>해결의 도구</td><td>무엇으로
해결해야 하는가?</td><td></td></tr>
<tr><td>해결의 결과</td><td>결과를 어떻게
활용할 수 있는가?</td><td></td></tr>
<tr><td rowspan="4">2</td><td>해결의 주체</td><td>누가
해결해야 하는가?</td><td></td></tr>
<tr><td>해결의 방법</td><td>어떻게
해결해야 하는가?</td><td></td></tr>
<tr><td>해결의 도구</td><td>무엇으로
해결해야 하는가?</td><td></td></tr>
<tr><td>해결의 결과</td><td>결과를 어떻게
활용할 수 있는가?</td><td></td></tr>
<tr><td rowspan="4">3</td><td>해결의 주체</td><td>누가
해결해야 하는가?</td><td></td></tr>
<tr><td>해결의 방법</td><td>어떻게
해결해야 하는가?</td><td></td></tr>
<tr><td>해결의 도구</td><td>무엇으로
해결해야 하는가?</td><td></td></tr>
<tr><td>해결의 결과</td><td>결과를 어떻게
활용할 수 있는가?</td><td></td></tr>
<tr><td>구체적인
해결책</td><td colspan="4"></td></tr>
</table>

제5장

지역

(1) 배경

겨울이 되면 이따금 눈 내리는 카카오톡 채팅창 배경을 볼 수 있다. 2013년 겨울부터 눈이 오는 날에 카카오에서 이벤트로 제공하는 채팅창 효과이다. 하지만 내가 살고 있는 지역에 눈이 내리지 않을 때도 눈 내리는 채팅창 배경을 종종 보게 된다. 이 기능이 수도권 날씨를 기준으로 하기 때문이다. KBS는 재난방송 주관 방송사임에도 부산의 폭우나, 강원도 산불 등을 소홀하게 다루어서 몇 년 전 한바탕 홍역을 치른 적이 있다. 특히 부산의 폭우 피해는 사망자가 발생할 정도로 심각했음에도 불구하고 9시 뉴스에서 이를 주요한 사건으로 보도하지 않았으며, 수도권을 포함한 전국 기상 상황을 전하는 데 그쳐 많은 논란이 일었다. 전국에 다섯 개의 '지하철 1호선'이 있음에도 방송에 보도되는 1호선이 '서울'의 지하철 1호선을 가리키는 것임은 변함없는 사실이다.

'서울공화국'이라는 말이 생겨날 정도로 우리나라의 서울 집중 현상이 높다. 이제는 그 범위가 수도권으로까지 확장된 상태이다. 수도권 집중 현상을 막기 위해 정부에서도 공공기관을 이전하고, 공공기관에 지역인재를 채용하는 비율을 확대하는 등 균형발전을 위해 애쓰고 있다. 정부청사를 세종시로 옮기고, 한국토지주택공사(LH)를 진주시로 옮긴 것이 그 실례이다. 정부의 그러한 노력에도 불구하고 수도권으로의 인구유출은 멈출 줄을 모른다. 이러한 지역발전의 불균형은 일자리, 교육, 문화 등 모든 영역에서의 불평등을 초래하고 결국에는 지방소멸이라는 문제를 낳는다. 실제로 대한민국 전체 인구 중 절반 이상이 수도권에 사는 것으로 집계되었다. 국회 입법조사처의 보고서에 따르면, 2021년 8월 전국 229개 시군구 중 108개(47.2%)가 소멸위험 지역으로 분류되었다. 30년 내에 지방의 약 40%가 소멸할 것이라는 예측도 있다. 지역 간 불균형은 지방에 사는 사람들에게 인프라(Infra) 부족으로 인한 열패감을 안긴다.

한편, 수도권 거주자 모두가 자신의 삶을 만족스럽게 여기는 것도 아니다. 일자리의 양과 질 때문에 수도권에 살고 있으나 그들의 삶도 늘 편리하고 풍족하기만한 것은 아니기 때문이다. 일례로 수도권 대중교통 출퇴근 시간은 (왕복) 평균 2시간 54분으로 집계되었으며, 2021년 11월 서울 아파트 평균 월세가격은 124만원으로 66만원인 부산의 1.8배로 나타났다. 결과적으로 수도권 집중 현상으로 인해 국민 전체가 힘들어진 것이다.

'지역'의 문제는 넓게 보면 위와 같은 지역 간 격차의 문제가 될 수 있지만, 좁혀 보면 우리가 살아가는 지역 공동체의 문제를 이야기할 수도 있다. 환경, 문화, 인권, 안전 등 우리의 피부에 직접 와 닿는 문제를 설정하고 해결 방안을 탐색해봄으로써 공동체에 기여할 수 있는 기회를 마련해보자.

(2) 질문하기

질문하기를 통해 문제의 원인을 발견할 수 있고 이에 따라 해결 방안을 마련할 수 있다. 질문을 어떻게 하느냐에 따라 문제를 바라보는 시각이 달라지며, 그에 따라 해결 방안도 달라질 수 있다. 따라서 질문은 현상에 대한 질문을 넘어 문제의 배경에 다가설 수 있는 것이어야 한다. 질문하기는 문제의 배경에 닿을 때까지 연속적으로 이어져야 하며 이러한 연쇄적인 질문을 통해 적절한 해결 방안을 마련하는 데까지 나아갈 수 있다.

지역간 불균형은 어떤 점에서 문제가 될까?

↓

수도권 외 주민들에게는 열패감을 조성, 수도권 주민에게도 여러 가지 불편함을 주며, 끝내는 지방소멸로 이어질 수 있음

↓

왜 사람들은 수도권으로 몰릴까?

↓

모든 편의시설, 문화시설, 의료시설이 수도권에 밀집됨으로써 지방의 인프라 부족

↓

이러한 문제는 어떠한 방법으로 개선할 수 있는가?

학습활동

◆ '지역'과 관련하여 평소 관심 있었던 내용이나 검색을 통해 알게 된 내용을 한 가지 정하여 문제의 배경에 도달할 수 있도록 질문을 이어가보자.

(3) 문제설정 및 유형화

이 단계에서는 문제에 대한 '해결 방안'을 제시하는 것이 중요한 과제이다.

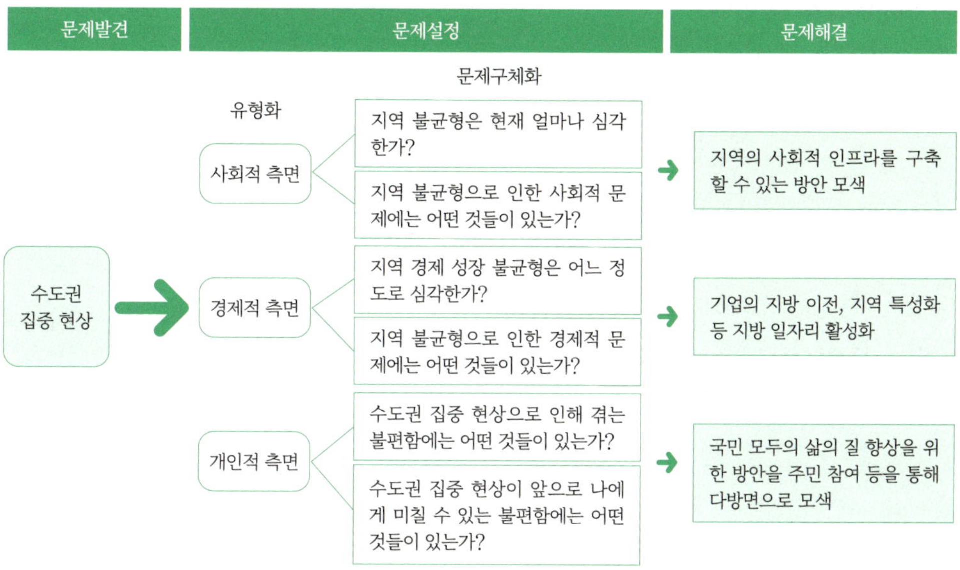

앞서 예로 들었던 '수도권 집중 현상'을 문제로 설정한다면 그에 대해 던졌던 다양한 측면의 질문들을 통해 해결 방안을 제시하는 데까지 나아가는 것이 이 단계에서 할 일이다. 수도권 집중 현상으로 인해 교육, 의료, 문화 등 지방의 사회적 인프라가 부족한 실정이며, 이러한 문제는 시간이 갈수록 더 큰 격차로 벌어지고 있다. 따라서 앞으로 이러한 현상이 더 심화되지 않도록 해결 방안을 마련하는 것이 중요하다.

해결 방안의 예로는 수도권의 공공 기관 이전 및 기업 이전을 통한 지역 일자리 활성화, 지역 특성화를 통한 경쟁력 제고 등이 있다. 수도권과 지역의 격차 문제뿐만 아니라 지역 내의 문제를 해결하는 일도 필요하다. 각 지방자치단체에서는 지역의 문제를 해결하는 데에 주민 참여의 필요성을 인식하고 다양한 방법을 통해 주민 참여를 유도하여 지역 문제를 해결하고자 한다.

일례로 진주시는 '리빙랩(사회혁신 실험)'을 통해 로컬 푸드 매장 '진주텃밭'에서 일회용 포장재 사용을 줄이는 무포장 실험을 하여 월평균 비닐사용량 30% 감소를 달성했다. 이처럼 지역에서 일어나고 있는 여러 가지 문제를 발견하고, 문제를 해결하기 위해 다방면으로 생각해보는 과정이 필요하다. 이러한 과정을 통해 지역사회의 문제를 조금씩 해결해나갈 수 있다.

학습활동

◆ 질문하기를 통해 마련했던 문제를 유형화하고, 문제해결을 위한 구체적인 질문들에 해답을 제시하면서 해결 방안을 탐색해보자.

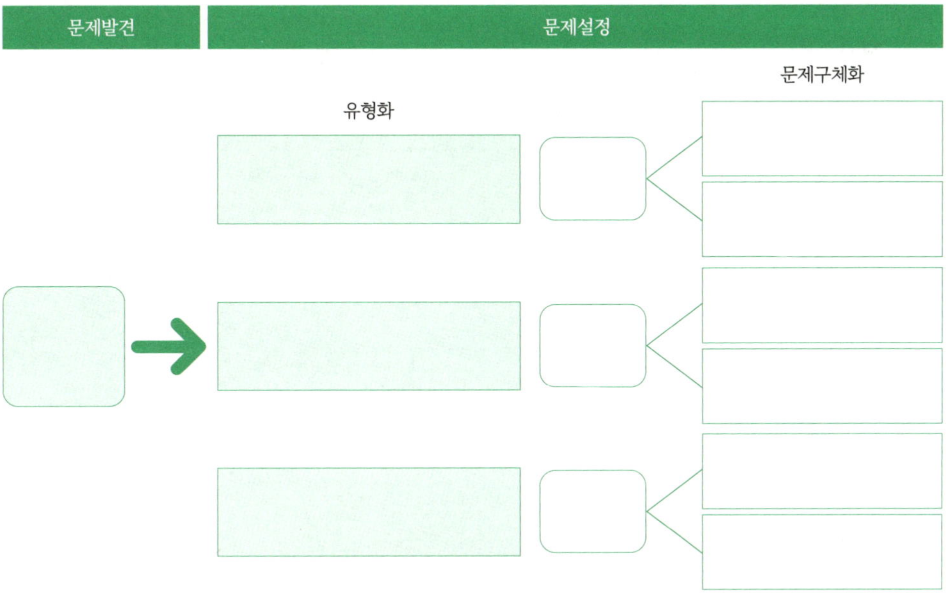

◆ 문제를 설정·구체화하고 해결 방안을 마련하는 데 도움이 되는 자료를 찾아 정리해보자.

자료 주제	출처	내용 정리

◆ 설정한 문제를 중심으로 문제를 해결하기 위한 구체적인 글쓰기 수행 활동지를 작성해 보자.

<'사회' 문제해결 글쓰기 수행 활동지>	
주차 및 수업일	
팀원	
선정한 문제	
문제의 배경	
문제의 원인	

문제해결 방안	1	해결의 주체	누가 해결해야 하는가?	
		해결의 방법	어떻게 해결해야 하는가?	
		해결의 도구	무엇으로 해결해야 하는가?	
		해결의 결과	결과를 어떻게 활용할 수 있는가?	
	2	해결의 주체	누가 해결해야 하는가?	
		해결의 방법	어떻게 해결해야 하는가?	
		해결의 도구	무엇으로 해결해야 하는가?	
		해결의 결과	결과를 어떻게 활용할 수 있는가?	
	3	해결의 주체	누가 해결해야 하는가?	
		해결의 방법	어떻게 해결해야 하는가?	
		해결의 도구	무엇으로 해결해야 하는가?	
		해결의 결과	결과를 어떻게 활용할 수 있는가?	
구체적인 해결책				

문제해결 글쓰기

2022년 8월 30일 초판 1쇄 발행
2023년 3월 1일 초판 2쇄 발행
2025년 3월 5일 초판 3쇄 발행
2025년 9월 1일 초판 4쇄 발행
2026년 2월 2일 초판 5쇄 발행

지은이	강지영, 남기민, 정미진, 최병구
펴낸이	권순기
부장	김경민
행정팀장	장은옥
편집	이가람
디자인	이희은

펴낸곳	경상국립대학교출판부 ∣ 출판등록 1989년 1월 7일 제16호
주소	경남 진주시 진주대로 501
전화번호	055) 772-0801(편집), 0802(디자인), 0803(도서 주문)
팩스	055) 772-0809
전자우편	gspress@gnu.ac.kr
홈페이지	http://gspress.gnu.ac.kr
페이스북	https://www.facebook.com/gnupub
블로그	https://blog.naver.com/gnupress12
인스타그램	@gnupress

책값은 뒤표지에 있습니다.